KB271403

청년학개론

청년학개론

누구나 한 번은 눈부시다

찬란한 인생을 살기 위한 청년사용설명서

이종식 지음

청림출판

한 그루의 나무가 모여 푸른 숲을 이루듯이
청림의 책들은 삶을 풍요롭게 합니다.

어떻게 청년답게 살 것인가?

2012년 성탄절 전야였다. 오랜만에 가족들과 오붓한 시간을 보내고 있는데 전화 한 통이 걸려왔다. 제18대 대통령직인수위원회(이하 인수위)에서 일해볼 생각이 있는지 물어왔다. 인수위 관계자란다. 현직 기자가 인수위에서 할 수 있는 일은 뻔하지 않은가. 언론 홍보와 관련된 일일 터였다. 내키지 않는 제안이었다.

대학에서 사회복지학을 전공한 나는 복지 전문기자가 되는 게 일차적 목표이고, 어느 정도 기반이 잡히면 향후 정책입안자와 사회개혁가(social innovator)가 되어 복지국가 실현에 힘을 보태는 것이 궁극적인 목표다. 다만 아직 기회가 오지 않았을 뿐이다. 주니어 기자 생활의 대부분을 사회부, 그것도 업무 강도가 높기로 소문난 법조 팀에서 보냈다. 그리고 이제 소위 '짬밥'이 좀 차서 원하던 복지 관련 부서로 옮기려던 참이었는데 인수위라니? 고민이 적지 않았다.

하지만 예상은 보기 좋게 빗나갔다. 홍보 관련 업무가 아니라고 했다. 인수위에 새로 청년특별위원회(이하 청년특위)가 개설되는데 그곳에서 청년 소통 전문가로 일해보라는 제안이었다. 청년? 청년! 순간 혹했다. 청년(靑年)은 사회복지학에서도 미지의 분야나 다름없었다. 유아, 아동, 청소년, 노인, 여성 등 대상별로 다양한 복지정책이 있지만 청년은 대상에서 비껴나 있었다. 청소년법에는 15세부터 24세까지 후기청소년(post-adolescence)으로 규정되어 있는데도 청년 세대를 아우르진 못했다.

청년 문제는 복지 전공자라면 누구나 한 번쯤 관심을 가져볼 만큼 '섹시한' 주제였다. 대학 시절 학생회에서 잔뼈가 굵은 나로서는 청년 문제가 늘 가슴 한켠에 얹혀 있는 돌처럼 해결해야 할 그 무엇이었다. 그런 의미에서 인수위의 청년특별위원회 활동은 내게 기회이자 도전이었다. '청년의 꿈이 이뤄지는 나라'라는 비전은 내 가슴을 뛰게 하기에 충분했다.

2013년 초, 인수위의 출범과 함께 새 정부의 청사진이 그려지기 시작했다. 선거 때마다 모든 것을 다 해줄 것처럼 청년들을 들뜨게 한 뒤 막상 선거가 끝나면 나 몰라라 했던 것이 지금까지의 현실이었다. 하지만 이번엔 달랐다. 헌정 사상 최초로 대통령직인수위원회에 청년특별위원회가 개설되면서 등록금, 취업, 결혼 등 청년과 관련된 정책들이 인수위의 주된 논의 대상으로 대두됐다. '일자리가 곧 최고의 복지'라는 캐치프레이즈를 내걸 만큼 청년들의 취업과 창업 문제는 새 정부의 핵심 과제로 떠올랐다.

청년특위는 가장 먼저 이전 정부의 청년정책을 조사했다. 그 결과를 바탕으로 청년을 대상으로 한 정책이 절대적으로 부족하다는 사실을 확인했다. 정부부처 간 소통의 단절로 인해 역할이 중복되거나 혹은 비효율적으로 집행되는 정책들도 많았다. 게다가 당선인의 청년 공약을 이행하기 위한 조직이나 예산도 턱없이 부족했다.

이런 문제의식을 갖고 각 부처 관계자와 민간 전문가 수백 명을 초청해 50여 차례에 걸쳐 정책 토론회를 벌인 다음 공약의 세부적 이행 방안을 도출했다. 청년들의 생생한 목소리를 반영하기 위해 각 대학의 총학생회장과 비정부기구(NGO) 관계자를 비롯한 2030세대 145명을 초청해 공개 간담회와 지역 인재 육성을 위한 간담회를 갖기도 했다.

청년특위에서 가장 중점적으로 논의한 대목은 '대한민국 청년의 미래상'이었다. 우리는 대한민국의 미래를 창조할 청년 리더가 갖춰야 할 덕목과 가치가 무엇인가를 놓고 수차례 생각을 나눴다. 역사적 고찰과 사회과학적 분석을 거듭했으며, 수많은 전문가들을 만나고 다양한 청년들과 토론했다. 이런 과정을 거쳐 얻은 결과물을 토대로 청년에 대한 정의를 내리고 청년정책을 조사함은 물론 미래의 비전을 제시해왔다.

오늘의 현실은 더 이상 개천에서 용 나는 시절이 아니고 노력만으로 꿈을 이루기도 쉽지 않다. 더욱이 힐링(healing) 열풍이 청년들을 감싸고 있다. 하지만 구체적인 진단과 대안 없는 힐링은 말잔치에 불과하고 상업적인 유행가처럼 변질될 뿐이다. 언제까지고 힐링에 기대어 안주할 순 없다. 도전하지 않으면 변화도 없다. 경제위기와 요동치는 정세변화 속엔 분명 새로운 기회가 꿈틀거리고 있다. 우리는 위기를 외면하지 않고 기회를 찾아나서는 능동적이고 도전적인 청년만이 미래를 이끌어갈 수 있다는 결론을 내렸다.

청년 문제는 영원히 풀 수 없는 과제와 같다. 하지만 그렇다고 해법 모색을 위한 엄두조차 내지 않는다면 우리의 미래가 암울할 것은 불 보듯 환하다. 나라의 심장인 청년이 꿈과 끼를 발휘하지 못하면 나라의 동력은 상실되고 말 것이다.

단재 신채호 선생이 쓴 《조선상고사朝鮮上古史》를 보면 신라에 화랑(花郎)이 있었던 것처럼 고구려에는 조의선인(皁衣仙人)이 있었다고 한다. 조의선인 가운데서도 성품과 학문, 기술이 가장 출중한 사람을 뽑아 스승으로 섬겼는데, 그를 '신크마리'라고 불렀다. 우두머리 큰형[이두로 두대형(頭大兄) 혹은 태대형(太大兄)]이라는 뜻을 가진 신크마리는 평소에는 학문과 무예를 닦으며 국가에 봉사하고 국난 때는 의병을 조직해 전장으로 나가는 청년 리더들이었다.

21세기 신크마리인 청년 리더는 어떤 사람들일까? 이 책은 이런 질문에서 시작됐다. 그동안 기자 생활을 하면서 쌓은 경험과 인수위 활동, 대통령 직속 자문기구인 청년위원회 설립을 준비하면서 수행한 다양한 연구, 그리고 청년들과 직접 소통하고 그들의 눈높이에 맞는 정책을 만드는 과정에서 발견한 노하우 등을 총정리했다. 역사 속의 한민족 청년 영웅들의 삶을 돌아보며 그들이 꿈꿨던 오늘을 조명했다. 청년은 이래야 한다는 막연한 조언이나 사탕발림으로 사람들을 섣불리 위로하려 들기보다는 사회과학과 문화적 이론에 입각해 청년의 현재와 미래를 체계적으로 분석했다. 이를 통해 미래 창조형 인재로서 21세기 대한민국의 신크마리들이 갖춰야 할 가치와 덕목을 오롯이 담고자 했다.

대한민국이 세계 최고가 될 수 있다는 자신감을 가진 세대. 전통과 현대를 접목한 융합 천재들과 원하는 일과 자아를 찾기 위해 행동하는 자유인. 부조리한 현실에 저항할 줄 알고 사회 발전을 위해 기꺼이 헌신하는 도전자. 투철한 벤처 정신을 가진 글로벌 개척자. 따뜻한 성장 속에 미래를 만드는 창조인. 자기 신조와 정체성이 뚜렷한 개똥철학자. 이들이 바로 미래를 창조하는 신크마리형 인재들이다.

이 책이 출간되기까지 인내하며 기다려준 가족들, 기도 속에서 협력해 선을 이루는 클래팜공동체와 지구촌교회 동역자들, 사회에서 만난 또 다른 가족인 아사모와 하반회 형제들, 그리고 더 나은 미래를 위해 지금 이 시간에도 땀 흘리는 이 땅의 청년들에게 진심으로 사랑을 전한다. 무엇보다 하나님께 감사드린다.

신코파리의 후예
청년이 역사를 바꾼다

"3·1절을 맞아 독도 사진 독립운동을 펼치려 합니다. 최소한 대한민국 5,000만 민초들은 아름답고 장엄한 독도의 풍경을 가슴속에 품고 다녀야 할 것입니다. 다음의 사진 가운데 마음에 드는 것을 골라 다운받은 뒤 스마트폰이나 PC, 노트북 등의 바탕화면으로 사용해주십시오. 그리고 3·1절 오후 6시 정각에 모임들끼리 혹은 친구들끼리 작전을 잘 짜서 전국에서 플래시몹(flash mob: 불특정 다수가 한 장소에서 일시적으로 모여 이벤트를 벌이는 것)을 펼쳐주시기를 바랍니다."

2013년 2월 말, 가수 김장훈에게서 문자 메시지가 왔다. 지인들에게 보낸 단체 메시지였다. 받는 사람 리스트에는 톱스타뿐 아니라 교수, 기업인 등 이름만 대면 알 만한 사람들이 대거 포함돼 있었다.

가까이서 지켜본 김장훈은 단순한 딴따라가 아니라 운동가다.

김장훈
가수

좀 더 정확히 말하면 둘 사이의 경계를 허물어버린 존재다. 그는 대중에게 가장 큰 영향력을 행사하는 두 분야를 가볍게 넘나드는 독특한 캐릭터다. 마치 1920~1930년대 일제강점기를 그린 한국 영화에 단골로 등장하는 주인공 같다. 그를 보면 연예인으로 위장해 일제에 저항하는 독립운동가들이 연상된다.

김장훈은 독도 수영 횡단 행사와 콘서트를 기획한 것은 물론 아예 자신의 본적을 독도로 옮기기까지 했다. 그가 이렇게까지 독도에 집착하는 이유는 무엇일까? 그는 왜 대한민국 역사에 집착하는 걸까?

2013년 4월, 미국 순회공연을 떠나기 며칠 전 서울 강남의 한 중식당에서 그를 다시 만났다. 한국에 있으면 편안하게 잘 먹고 잘살

텐데, 나이 들어 고행을 시작하는 이유가 뭔지 물었다. 사실 나는 그를 말리고 싶었다. 그는 3시간 가까이 쉼 없이 미국 순회공연 출사의 변을 토해냈다. 그 모습이 사뭇 비장해 보이기까지 했다. 그의 눈빛이 투사의 눈빛처럼 이글거렸다고 할까.

"주변 사람들도 너처럼 만류하고 걱정해. 하지만 내가 떠나지 말아야 할 이유보다 떠나야 할 이유가 수십 배는 더 많더라고. 내가 대한민국을 병적으로 사랑한 탓도 있고, 타고난 방랑벽도 있는 것 같아. 일단 안주하는 게 난 더 위태로워. 초심으로 돌아가 열정 엔진을 재가동하자는 게 첫 번째 이유고, 나의 도전이 누군가에게 희망이 됐으면 하는 게 두 번째 이유야. 나의 고행이 혼란스럽고 척박한 이 땅의 청년들뿐 아니라 중장년들에게도 뭔가를 꿈틀거리게 할 수 있지 않을까? 중장년층이 피땀 흘려 나라를 세우고 그 위에 청년들이 살아가는 나라가 바로 대한민국이지. 청년층과 중장년층이 함께 나를 보면서 '우리도 저렇게 도전할 수 있구나'라고 생각하게 된다면 나는 그것으로 만족해."

그와 대화를 나눠본 사람들은 알 수 있지만 그의 설득력은 대단하다. 연역적인 논리에 선동적인 단어를 쓰고, 현학적인 이론가들에게서도 찾아보기 힘든 철학이 툭툭 튀어나온다. 일례로 그는 "나의 전미 투어는 자본주의적 수치에 의한 것이 아니라 가치에 의한다"라고 말했다. 그는 미국으로 떠나기 전부터 성공을 예견했다. 떠나는 것 자체만으로도 이미 성공한 것이나 다름없다고 말했다.

"순회공연을 떠나기 전부터 이미 거대 기부단체들과 협약을 맺었어. 공연 수익금은 미국 사회에서 고통을 받는 아이들이나 마약 재활 치료자들, 여성 인권단체에 기부할 거야. 한국도 힘든 사람이 많은데 왜 미국까지 가서 기부를 하느냐고? 미국 사회에서 한국인의 위상이 높아질수록 우리에겐 유리하게 작용할 거야. 그러기 위해서는 최고의 공연을 통해 한국 문화의 우수성을 미국 주류사회에 보여줄 필요가 있어. 새로운 한류를 만드는 것은 음악인으로서 의무이기도 하고."

그는 미국 순회공연을 다니면서 또 다른 사고를 칠 준비를 하고 있었다. 바로 '위안부기림관'을 건립하는 일이다. 이를 위해 그는 틈틈이 미국 정치인들을 만나고 외국인들이 세운 각종 기념비 등을 둘러보았다. 위안부기림관의 설립 장소로는 뉴저지 주 팰팍 시가 유력하게 거론됐다. 이 모든 노력은 일본의 과거사 폐해를 알리고 역사 왜곡을 막는 데 목적이 있었다.

그는 예전부터 한국사를 수능 필수과목으로 지정해야 한다고 주장해왔다. 김장훈에게 역사는 어떤 의미를 가질까? 그가 블로그에 남긴 '나 그리고 독도'란 글의 한 대목에서 이 질문에 대한 답을 얻을 수 있다.

"처음 독도를 알았을 때, 그냥 우리 땅인데 일본이 자기네 땅이라고 우기나 보다고 생각했다. 시간이 지나면서 독도가 '다케시마'로 변질돼가고 있다는 사실을 알게 됐다. 사이버 외교사절단 반크(VANK)가 아무도 알아주지 않던 시절부터 행동으로 세상을 바꿔나가는 것을 보면서 한국인으로서 자부심을 갖게 됐고 한편으로 반성도 하게 됐다. 반크는 오늘날의 의병이다. 일제가 미처 계산하지 못한 것이다. …… 나는 태생적으로 힘으로 억압하는 것에 경기를 일으킨다. 쿠릴 열도 분쟁이나 센카쿠 열도 영토 분쟁에 대해 다른 나라에서 왈가왈부하지 않는 건 러·일, 중·일 간의 힘의 균형이 깨지기 때문이다. 독도 문제에 대해 미국이나 다른 나라의 눈치를 봐야 하는 건 우리가 약하기 때문이다.

전 세계가 위기라고 하는데, 한 가지 분명한 건 모두가 위기에 처해 있다면 우리에겐 오히려 기회가 될 수 있다는 점이다. 우린 그런 민족이 아닌가. 이 위기에서 한 걸음 더 나아가 강대국이 된다면 독도 문제는 자연스럽게 해결될 것이다. 아직은 요원하지만 우리가 세계 최강이 되는 그날까지 논리적인 문제에 힘을 쏟아야 한다. 우리의 적은 오직 우리의 무관심일 뿐이다.”

고구려시대의 청년 리더 신크마리들은 국난 때면 떨쳐 일어나 목숨을 걸고 싸움으로써 나라의 은혜에 보답을 했다. 반크와 김장훈은 신크마리의 후예들이다. 그들의 핏속에는 나라와 민족에 대한 열정이 들끓고 있다. 아무나 스타가 될 수 없지만 누구나 의병은 될 수 있다. 그리고 스타가 영웅으로 기억되긴 힘들지만 의병은 한 사람 한 사람 모두 이름 없는 영웅으로 역사에 남는다.

김장훈은 자칭 타칭 별명이 많다. ‘독도지킴이’, ‘무조건추지녀’, ‘도전스토커’, ‘아름다운 SNS 스토커’, ‘콘서트킹’. 하나같이 도전적인 것들이다. 그의 별명에서는 청년다움이 느껴진다. 김장훈을 보면 청년에게 나이는 중요하지 않다는 것을 실감하게 된다. 마흔을 훌쩍 넘었지만 누군가를 끊임없이 자극하는 그는 피터팬처럼 영원히 청년으로 살 것이다.

고구려의 청년 리더
신크마리를 아는가

"청춘! 이는 듣기만 하여도 가슴이 설레는 말이다. (······) 청춘의
피는 끓는다. 끓는 피에 뛰노는 심장은 거선(巨船)의 기관(汽罐)같
이 힘 있다. 이것이다. 인류의 역사를 바꾸며 내려온 동력은 바로
이것이다."

- 민태원, 〈청춘예찬〉 중

한반도 역사를 바꾸는 중심에는 언제나 나라의 심장과 같은 청
년들이 있었다. 멀게는 고구려의 조의선인부터 신라의 화랑도, 조

선시대 집현전 학사들까지, 가까이는 한말의 호국구민운동, 일제강점기의 민족해방운동, 광복 후의 민족통일운동, 그리고 1980년대 민주화운동으로 그 맥이 이어져왔다. 우리 역사 속의 청년들은 나라가 어려울 때마다 큰 용기와 기지를 발휘했다. 특히 외세에 대한 저항운동에서 제 역할을 다했다.

개화기와 일제강점기 시절 청년들의 화두가 자주와 독립이었다면, 지금 세대는 취업과 결혼 등 개인적인 문제에 집중한다. 소위 '386세대'로 불리는 1980년대 청년들이 민주화에 목말랐다면, 21세기 청년들은 세계를 무대로 자기계발에 몰두한다.

오늘날의 대한민국 청년들이 잠재력을 발휘하기 위해서는 이들 선배 세대의 사회 인식과 자아비판을 자신들의 역동성과 세계화에 접목시켜야 할 것이다. 그런 점에서 역사적으로 청년들이 한반도에서 벌였던 사회변혁의 시도가 오늘날의 청년들에게 어떤 시사점을 주는지 살펴볼 필요가 있다.

우리 민족은 미래의 젊은 리더를 늘 예비해왔다. 평소 문무를 연마한 젊은 리더들은 국난 때마다 분연히 일어나 목숨을 바쳐 싸웠다. 가장 널리 알려진 이들이 신라시대의 화랑이다. 하지만 그보다 2500여 년 전, 우리 민족사의 시초인 단군조선 시절에 이미 미래를 위한 인재들을 양성하고 있었다. 독서와 활쏘기를 익히며 심신을 단련하는 미혼의 자제들로 이뤄진 단군조선의 국자랑은 출행할 때마다 머리에 천지화(무궁화)를 꽂았다고 해서 '천지화랑'이라고도 불렸다.

우리 민족의 청년 리더 양성의 역사는 북부여의 천왕랑과 고구려 조의선인, 백제 무절(武節), 신라 화랑, 고려 선랑·국선·제가화상, 그리고 조선의 성균관 선비로까지 면면히 이어진다. 그중 고구려 조의선인은 대표적인 청년 리더이자 구국 청년운동의 모태라 할 수 있다.

단재 신채호 선생의 《조선상고사》를 보면 고대사회의 청년 리더에 대한 흥미로운 기록이 나온다. 그에 따르면 예로부터 무사(武士)를 두고 신라에서는 아름다운 용모를 중시해 화랑이라 했고, 고구려에서는 검은 비단옷을 입었다고 조의(皂衣)라 했다. 선인(仙人)은 선배 혹은 선비의 다른 표현이다.

고구려 조의선인들은 사냥과 가무, 무예 등의 다방면에 능통한 사람을 '선배'라고 했으며, 이들은 국가에서 급료를 받으면서 무예와 학문을 갈고닦았다. 그중에서도 성품과 학문, 기술이 가장 출중한 사람을 뽑아 스승으로 섬겼는데, 스승 가운데 우두머리를 '신크마리'라 칭했다.

신크마리는 우두머리 큰형이라는 뜻의 옛 우리말이다. 지금으로 말하면 나라의 대표적인 청년 리더를 뜻한다. 그다음은 마리(大兄), 소형(小兄)이라 불렀다. 신크마리는 평상시에는 청소년들의 심신단련과 무예지도에 나섰고, 전쟁이 나면 선배들을 이끌고 전장으로 뛰어들었다. 이들은 죽음을 각오하고 싸웠으며 패전해 살아 돌아오는 것을 최고의 수치로 여겼다.

문무를 겸한 조의선인들은 대체로 어린 나이에 선발되어 신체

발달 단계에 맞추어 정교한 지적·정서적·신체적 훈련과 교양을 쌓았다. 이들은 사물과 현상을 깊이 있게 인식하고 문제의 실상을 정확히 파악해 이를 해결할 수 있는 능력을 갖추도록 단련됐다. 을파소나 을지문덕 등 역사에 이름을 남긴 고구려 영웅들도 모두 조의선인이었다. 우리 문화에서 말하는 '선비'란 이런 능력과 덕성을 갖춘 사람들을 가리킨다.

조의선인의 선배제도는 이른바 '스펙 초월형' 인재 양성의 특성을 지닌다. 고구려는 엄격한 신분사회였던 까닭에 신분이 미천한 사람들은 공직에 오르기 힘들었다. 하지만 선배의 경우, 신분을 떠나 학문과 기술을 겨뤄 정했기에 천민들도 도전할 수 있었으며, 때문에 새로운 인재 등용문이 됐다. 선배의 대표적인 인물이 〈바보온달과 평강공주〉로 유명한 온달 장군이다. 동화에는 평강공주의 도움을 받은 온달 장군이 낙랑 언덕에서 펼쳐진 봄철 사냥대회에서 우승해 선배로 뽑히는 장면이 나온다.

고구려의 조의선인은 조선의 선비정신으로 이어졌고, 국난 때마다 조선의 선비들은 용감하게 전장으로 나섰다. 임진왜란 때 활약한 이순신, 권율, 김시민은 물론이고 곽재우, 김덕령 같은 의병장들이 모두 신크마리의 후예들이었다. 이들은 평소에는 학문과 무예를 갈고닦으며 나라의 위기 상황에 대비했다. 그야말로 문무를 겸비한 융합형 인재였던 이들은 지금으로 말하면 인문학과 자연과학을 두루 섭렵한 통섭적 청년 리더들이었다.

신크마리의 대표적인 인물로는 임진왜란 때 7년간 군대를 지휘했던 권율 장군을 들 수 있다. 그는 무관으로 천하에 이름을 날렸지만 본래 문과로 급제한 관리였다. 그런데도 그는 병법을 연구하고 여러 지역을 유람하면서 지형과 지세를 살폈다. 검술을 연마하는 데도 게을리하지 않았다. 그 결과 권율 장군은 왜구가 쳐들어왔을 때 청년들을 이끌고 전장에 나가 승리를 거뒀다.

고구려 조의선인은 다시 일제강점기의 저항적 청년정신으로 면면히 전수됐다. 대표적 독립운동가인 안중근 의사는 을사조약으로 나라가 위기에 처하자 운영하던 가게를 처분해 삼흥학교를 세운 뒤 인재 양성에 힘썼다. 국운이 기울면서는 의병운동에 참여하기 위해 연해주로 넘어갔다. 1909년, 안 의사는 왼손 약지손가락을 자르고 사즉생(死卽生)의 각오로 구국 투쟁에 나섰다.

한민족의 독립전쟁 사상 최대의 승리로 일컬어지는 청산리 대첩의 리더 김좌진 장군 역시 빼놓을 수 없는 청년 리더다. 김좌진 장군은 일찍부터 동서양의 군사학에 통달했을 뿐 아니라 말타기와 칼 쓰기에도 능했다. 그는 나라가 일제의 손아귀에 넘어가자 열다섯 살의 어린 나이에 집안의 종들을 모두 면천시키고 재산을 나눠준 다음 독립운동에 투신했다. 1920년, 청산리 계곡에서 일본군 3,300명을 섬멸한 그의 빛나는 리더십은 결코 한순간에 이뤄진 것이 아니었다. 유구한 역사 속에서 강건하게 뿌리내리고 꽃봉오리를 맺어 온 청년정신의 결실이었다.

우리에게 잘 알려진 '임을 위한 행진곡'은 1980년 5월 광주민주화운동 과정에서 사망한 두 남녀의 영혼결혼식을 위해 만들어졌다. 당시 전남 도청을 지키다가 계엄군에게 사살된 시민군 대변인 윤상원 씨와 1979년 광주 광천동에서 들불야학을 운영하다가 연탄가스 중독으로 사망한 박기순 씨가 그 주인공이다.

전남대 정치외교학과에 재학 중이었던 윤 씨는 박 씨의 유지를 이어받아 민주화운동을 독려하는 시민신문 〈투사회보〉를 제작하는 데 헌신했으며, 계엄군의 무성의한 협상 태도에 저항하다 1980년 5월 27일 총에 맞아 사망했다.

이듬해 2월, 광주 망월동 묘역에서는 윤 씨와 박 씨의 영혼결혼식이 거행됐다. 당시 이들의 넋을 위로하기 위한 노래굿이 펼쳐졌는데, 마지막 곡이 바로 '임을 위한 행진곡'이었다. 소설가 황석영이 재야운동가 백기완의 시 '묏비나리'를 개작해 가사를 만들었고 전남대에 재학 중이던 김종률 씨가 곡을 붙였다. 윤상원 씨와 박기순 씨의 불꽃 같은 삶은 영화 〈화려한 휴가〉로 재조명되기도 했다.

이처럼 한국 근현대사에도 국가와 민족을 위해 목숨을 바쳤던 신크마리의 후예들이 많다. 들불처럼 번져나간 신크마리 정신은 민주화와 산업화의 초석이 되어 세계 10대 강국인 대한민국을 만들어냈다.

항일운동에서 청년들의 역할은 중추적이었다. 1919년에 일어난 3·1운동을 살펴보자. 1918년 여운형 등이 상하이에서 신한청년당을 결성하고, 미국에서는 안창호·이승만 등과 함께 청년 지식인들이 대한국민회를 조직해 독립운동을 준비했다. 이들은 국내외 독립단체들과 연계해 군중 동원과 시위, 독립선언서의 배포 등을 계획, 각계각층의 민중들이 참여한 최대 규모의 항일운동으로 발전시켰다. 청년들을 통해 촉발된 3·1운동은 민족의식과 정치의식을 높였고, 1920년대에 다양한 사회운동과 조직이 성장할 수 있는 기반을 마련했다.

1926년 순종 황제의 출상일을 기해 일어난 6·10만세운동도 독립을 꿈꾸는 대학생과 청년단체 등이 주도했다. 통학열차 안에서 일본인 남학생이 광주여고보 학생을 희롱한 사건을 계기로 시작된 1929년 광주학생운동은 전국의 학생 10명 중 6명이 참여하는 전면적인 항일운동으로 확산됐다.

민주화 과정에서도 청년들은 핵심적인 역할을 했다. 불법적인 개헌과 부정선거를 저지른 이승만 정권에 대해 1960년, 청년과 시민이 주축이 되어 대항한 4·19혁명으로 인해 이승만 대통령은 결국 하야를 했다. 1968년 6월부터 이듬해 12월까지 군부정권에 맞서 반독재 투쟁을 벌였던 3선 개헌 반대투쟁과, 1970년대의 유신반대운동도 대학생들의 궐기로부터 시작됐다.

1987년 박종철 고문치사 사건으로 촉발된 6월 항쟁은 민주화 열기가 폭발한 사건으로 제5공화국의 실질적인 종말을 가져왔다. 그해 8월, 자주·민주·통일의 기치를 세운 최대 규모의 학생회 모임인 전국대학생대표자협의회(이하 전대협)가 발족했다.

학생운동은 6월 항쟁의 피값으로 쟁취한 민주화 선언으로 정점을 찍었다. 이후 냉전체제가 해체되면서 운동권 내에서는 극심한 이념적 혼란과 분열이 일어났다. 경제성장과 함께 분배구조 개선과 같은 생활형 이슈들이 발생했음에도 주류 운동권은 통일문제에 천착했다. 혼란을 수습하기 위해 무언가 단일한 투쟁의 대상이 필요했던 셈이다.

조직을 키우기 위해 관성적인 투쟁도 반복됐다. 그 구심점에 있었던 전대협은 권위적이고 관료화된 또 하나의 정치 조직으로 굳어갔다. 돌파구를 찾기 위해 1993년 '한국대학총학생회연합(한총련)'으로 이름을 바꿨으나 1996년 '연세대 사태'를 계기로 한총련은 이적단체로 규정되면서 운동권 학생회는 위축됐다.

학생운동의 종말을 앞당긴 데는 급격한 시대 흐름의 변화도 한몫했다. 우선 1995년 대학정원 자율화정책과 1997년 대학설립 준칙주의가 채택되면서 대학생 수가 폭발적으로 증가했다. 지금은 대학진학률이 70퍼센트대를 훌쩍 넘었다. 사회변혁의 전진기지였던 학생운동이 청년층의 사회경제적 권익보호에 집중하는 이익단체로 변모되면서 사람들은 더 이상 운동권의 목소리에 귀 기울이지 않게 됐다.

팍팍해진 대학의 현실도 학생운동의 위축을 가져왔다. 1990년대 초반 학번만 해도 이른바 '선동렬 방어율 학점'이라 불리는 0점대 학점을 받아도 취업의 문은 넓었다. 대학생의 공급은 적었고 수요는 많았기 때문이다. 하지만 신자유주의 교육 개혁 바람이 불면서 대학 간 경쟁은 치열해졌다. 대학은 구조조정의 칼날을 피하기 안간힘을 쏟았다. 1999년 학부제 도입과 엄정한 학사관리 원칙은 학생 간에 경쟁을 부추겼다.

1998년 IMF 외환위기는 대학생활에 엄청난 변화를 가져왔다. 경제 거품이 꺼지면서 취업문이 극히 좁아졌다. 학생들은 사회 이슈에 관심을 갖기보다 취업을 위한 스펙 쌓기 경쟁에 돌입했다. 연대 체험이나 집단적인 정치적 실천은 점차 외면을 받게 됐다. 비운동권은 물론 여학생과 기독교 등 종교 성향의 후보자들이 각 대학의 총학생회장으로 선발되면서 학생회의 주된 관심사는 사회정치적 문제보다는 학내 복지와 등록금 문제 등으로 이동했다.

특히 서태지 신드롬과 아이돌 문화의 등장으로 개인주의적이고 탈정치적인 신세대가 대학 문화를 주도하면서 '민중과 민주'에서 '문화주의'로 학생운동의 기조가 바뀌게 된다. 그 결과로 페미니즘, 소수자, 일상 문화 등 다양한 의제들이 등장했다. 1990년대 이후로 이념을 중심으로 한 집체적 학생운동이 위축된 것은 사실이지만 대신 다양한 형태의 문화운동과 복지운동이 확대됐다.

21세기 신크마리를
찾아서

　　　　　　　　　　세계경제포럼(WEF)이 선정한 '차세대 지도자 100인'. 유엔(UN)의 DNA회의(Decide Now Act Summit)가 선정한 '세계에서 가장 창의적인 비전을 가진 101명의 리더'. 〈포브스 *Forbes*〉가 선정한 '영향력 있는 여성기업인 50인'. 김성주 성주그룹 회장은 한국 여성 중 가장 글로벌한 인사일 것이다. 선거철마다 여러 캠프에서 러브콜을 받았지만 한사코 마다했던 그녀가 지난 18대 대선 때 박근혜 후보의 공동선대위원장으로 나섰다.

　파격적인 의상과 '좌파 재벌'과 같은 돌발 발언으로 선거판에 빨간 바람을 일으켰던 그녀를 선거가 끝나고 얼마 뒤 서울 청담동 MCM 사옥에서 만났다. 약속한 대로 선거 이후 뒤도 돌아보지 않고 회사로 돌아간 김 회장은 한결 홀가분해 보였다. 함께 방문한 나의 세 살짜리 딸아이에게 예쁜 인형을 안긴 그녀는 무릎을 꿇은 채 아이와 눈을 맞추며 깊은 사랑을 전했다. 한없이 강할 것만 같은 그녀는 알고 보면 세심하고 정이 많은 사람이었다.

　김 회장이 선거판에 뛰어든 계기는 비행기에서 우연히 읽은 외국 신문의 한 구절 때문이었다. 그 신문에는 '한반도가 110년 전 구한말의 상황'이라고 적혀 있었다. 구한말 당시 러시아, 중국, 일본에 둘러싸인 지정학적 위치에서 조선이 무참하게 당했던 것처럼 지금의 한반도도 경제적·외교적으로 녹록지 않은 사면초가의 상황이라는 분석이었다. 스스로 '맨땅에 헤딩'을 하며 성주그룹을 글로벌 기업을 일군 그녀는 이렇게 생각했다.

'앞으로 5년이란 시간을 잃으면 한반도에선 큰일이 날 수 있겠구나. 이젠 작은 한반도가 아닌 글로벌 영토를 생각해야 하는데……. 젊은이들의 일자리 창출과 제3국 개척으로 한국의 경제 영토를 넓혀야 해.'

선거 기간 동안 그녀는 누구보다 청년들을 많이 만났다. 밤에는 잠을 줄여가며 참모진들과 청년들의 해외 진출을 지원하는 프로젝트인 케이무브(K-MOVE) 공약을 다듬어나갔다. 그녀는 젊은이들을 만날 때마다 글로벌 시장으로 눈을 돌려야 한다며 설득했다.

"광활한 중국, 남미, 아프리카 대륙이 있는데 왜 좁은 한국에만 눈을 두고 있어요? 안에서만 싸우지 말고 밖으로 나가 글로벌 시대의 물꼬를 터야 해요."

선거가 끝난 뒤에도 대한민국 청년들에 대한 그녀의 애정은 식지 않았다. 김 회장은 내게 자신은 경영 현장으로 돌아가 새로운 경제 영토를 개척할 테니, 우리 청년들이 글로벌 리더로 성장할 수 있도록 보탬이 되는 일을 해달라고 독려했다. 2005년 MCM 글로벌 사업부를 인수한 이후 줄곧 글로벌 시장을 개척해가고 있는 김 회장은 청년들이 글로벌 리더가 되기 위해서는 세 가지가 필요하다고 말했다.

"첫째, 모험을 즐겨야 합니다. 둘째, 자신의 잠재력을 찾으세요.

셋째, 고생을 두려워하지 않아야 해요.”

김 회장은 부유한 가정에서 태어났지만 스스로 그 틀을 박차고 나왔다. 아르바이트로 미국 유학을 했고, 뉴욕의 뒷골목에서 살면서 단돈 1달러를 벌기 위해 구박과 차별을 참아냈다. 이런 ‘밑바닥 시절’의 경험은 그녀를 단련시키고 성장시킨 원동력이 됐다. 그녀는 특히 가정 형편이 좋거나 스펙이 훌륭한 학생들을 만날 때마다 자신의 경험을 떠올리며 이렇게 조언한다.

“가정의 배경과 단절하고 바닥부터 배우세요. 자신감이 귀한 자산입니다.”

김 회장은 리더를 꿈꾸는 청년들에겐 반드시 원칙과 정도가 필요하다고 덧붙인다. 그녀는 기존의 기업 관행을 따르지 않고도, 즉 술 접대를 하거나 돈 봉투를 갖다 바치지 않고도 기업을 키울 수 있다는 것을 보여주고 싶었다고 한다. 많은 시련이 있었지만 부패와 타협하지 않으려는 정신, 그리고 창의성과 열정이 있었기에 지금의 자리에 오를 수 있었다고 돌아봤다.

김 회장은 대한민국 청년들을 언급하면서 ‘보석 같은’이라는 표현을 자주 썼다. 어느 민족보다 훌륭한 자질을 가진 원석들이라는 칭찬이다. 나는 이 얘기를 들을 때마다 신크마리 선배들로부터 면면히 내려오는 기질 때문이라 생각했다.

지금의 청년들은 선배들과 같이 싸워야 할 대상이 명확한 건 아니다. 오랑캐나 제국주의, 독재정권도 사라진 지금, 21세기 신크마

리들은 무엇과 싸우고 어떤 능력을 키워가며 자신과 나라를 선진
의 반열로 올려놓을 수 있을까?

김성주 회장을 비롯해 수많은 리더들을 만나고 그들을 통해 대
한민국의 어제와 오늘, 그리고 내일을 배우면서 나는 21세기 신크
마리들이 가져야 할 기상을 다음과 같이 정리해봤다.

- 발상의 전환으로 일단 부딪혀보는 도전정신
- 마음속 국경선을 지우고 경제 영토를 확장시키는 포부
- 획일화된 스펙보다는 남다른 스토리와 정신
- 개똥철학일지라도 뚜렷한 역사관과 세계관을 가지려는 신념
- 빵을 만들어 일자리를 늘리는 것이 아니라 일자리를 위해 빵을
  만드는 따뜻한 성장의 꿈
- 세대 통합을 가치 있게 생각하고 통일시대를 준비하는 젊은
  행동
- 청년으로서 저항할 권리와 도전할 의무가 있다는 믿음
- 매일매일 스스로를 돌아보고 세상과 소통하려는 자세

이 모든 것들은 제로섬을 깨고 미래를 창조하는 인재에게 요구
되는 역량이다.

역사가
선택 과목인 나라

"결과적으로 한국인에게는 일본의 통치가 이득이 됐다. 무엇보다도 교통통신과 운송시설이 크게 향상됐다. 일본이 사용하던 근대 산업기술은 한국의 경제성장에 도움을 주었다. 그리고 일본이 만든 진보적인 교육제도는 한국의 많은 지도자를 양성했다."

이는 일본의 주장이 아니라 미국 교과서에 실린 내용이다. 이런 논리는 교과서 밖에서도 이어진다. 미국 대학 강의에서 한국은 중국과 일본의 지배 속에서 성장한 종속 국가로 종종 표현되기도 한다.

일본 극우파들의 위안부 모욕 발언과 독도 영유권 분쟁, 중국의 동북공정 논란까지 어처구니없는 역사 왜곡이 하나둘이 아니다. 분노가 치밀어 오르지만 논리적인 대응을 하기가 쉽지 않다. 반면 역사를 제대로 아는 청년들은 점점 줄어들고 있다. 바른 역사 만들기는 우리 역사를 제대로 아는 데부터 시작하지만 현실은 그렇지 못하다.

군부정권 시절 국사는 국어 및 국민윤리와 함께 주요 과목으로 분류됐다. 일각에서는 국가 이데올로기를 주입하는 조치라고 비판하기도 했지만 혼란스런 근현대사 속에서 나라의 정체성과 시민의 역할을 바로 세우는 데 필요하다는 의견이 많았다.

하지만 2000년대 들어 사정이 바뀌었다. 대입 수험생의 과목 부담을 덜어준다는 명목 아래 한국사를 필수과목이 아닌 선택과목으로 바꿨다. 그것도 문과에만 해당될 뿐 이과는 선택할 수조차 없도록 만들었다. 한편에서는 그나마도 세계사와 통합해 그냥 역사라는 과목명으로 가르쳐야 한다는 주장까지 나왔다.

독일은 고등학교 전체 수업의 20퍼센트를 역사 수업으로 배정하고 있다. 빌리 브란트(Willy Brandt) 전 서독 총리가 나치에 희생된 폴란드 유대인을 향해 무릎 꿇고 사죄하는 모습은 이런 역사 교육과 인식에서부터 시작됐다. 세계대전 전범국가인 독일이 일본과 달리 존경받는 나라로 거듭날 수 있었던 것은 이 때문이다.

'세계사'를 정착시킨 독일 철학자 헤겔 이후 역사에는 보편적 질서와 진리가 존재한다는 인식이 대두됐다. 근대국가 형성기에는 민족주의적 서사가 주류를 이뤘다. 그러다 냉전시대로 넘어가서는 이념 논리에 따라 역사가 재구성됐다. 하지만 냉전이 와해되자 포스트모더니스트들이 등장했고, 이들은 집단적 정체성을 부인하며 '역사적 진실이 있는가?'라고 반격했다. 그리고 민주화가 정착되면서 이제는 누구나 역사를 쓸 수 있는 시대가 됐다. 이처럼 상대주의에 따른 역사 기술이 포용되면서 역사 속 진실 찾기는 뒷전으로 밀려나고 있다.

이런 상황에서 역사의 중요성이 희석된 한국 사회는 혼란만 가중됐다. 식민사관은 교실 속 깊이 파고들었고, 엉터리 사극은 사실과 픽션을 뒤섞었다. 자신들의 입맛에 맞게 제멋대로 과거를 재구

 청년학개론

성하는 역사가들의 말장난도 홍수를 이뤘다. 팩트(fact)가 쉽게 왜곡되다 보니 근현대사 교과서를 둘러싼 이념 투쟁도 끊이지 않고 있다. 3·1절을 '삼쩜일'이라고 읽는 젊은이들조차 있다고 하니, 할 말을 잃을 정도다.

역사는 구태의연한 구시대의 관습도, 흘러간 가요도 아니다. 역사를 통해 보면 현재는 꿈꾸던 사람들의 수많은 가능성 중 하나였다. 역사 속에서 인물과 스토리를 찾아내면 현실을 넘어 또 다른 가능성을 얼마든지 찾을 수 있었다. 그들이 꿈꿨던 세상과 그 노력의 이야기를 새롭게 조명하는 것은 현재를 성찰하기 위함이다.

과거를 통해 현재를 본다는 것은 현재의 다양한 가능성을 과거 속에서 쉽게 찾아낼 수 있다는 뜻이다. 우리보다 더 치열하게 미래를 고민했던 청년들이 자신들을 발견해주길 기다리고 있다. 한반도 역사 속에서 선배 신크마리들의 삶의 궤적을 쫓아가다 보면 지금의 어려움을 극복할 수 있는 단초를 발견할 수 있다. 미래를 창조하는 청년들이 역사를 공부해야 하는 이유가 바로 여기에 있다.

역사가 희망을 확증해줄 수는 없다. 하지만 희망의 역사를 향한 소망 없이는 새로운 역사를 꿈꿀 수 없다.

– 하비 케이(Harvey Kaye)

청년이 역사를
공부해야 하는 이유

흔히 역사는 되풀이된다고들 한다. 과거의 잘못을 반복할 때, 이런 말을 자주 쓴다. 대한민국의 발전을 가장 크게 가로막고 있는 것은 두말할 것 없이 분단의 현실이다. 남북이 대치된 상황 때문에 발생하는 '코리아 리스크'는 잠재적 성장과 외국인의 투자를 위축시키는 주된 요인이다. 불필요한 국방비와 과도한 분단비용으로 복지와 성장을 위한 지출은 후순위로 밀릴 때가 많다.

우리 역사 속엔 이런 소모적인 분단의 현실이 이미 존재했다. 때는 1300여 년 전으로 거슬러 올라간다. 고구려와 백제의 협공에 시달리던 신라는 당나라와 손을 잡는다. 고구려를 쓰러뜨려 동북아시아의 패권을 잡고자 했던 당은 신라와 이해관계가 맞아떨어졌다. 나당 연합군은 먼저 백제를 무너뜨리고 668년 오랜 전쟁에 지친 고구려마저 몰락시켰다.

그리고 당이 한반도를 삼키려 하자 신라는 당과 맞서 싸워 비록 대동강 이남 지역이지만 676년 삼국통일을 이룬다. 이후 한반도 북부와 만주에서는 고구려 부흥운동이 일어났고, 고구려 장군 걸걸중상(乞乞仲象)의 아들 대조영이 당의 대군을 무찌르고 옛 고구려 땅인 동모산을 중심으로 새 나라를 세웠다. 발해다. 이로써 우리 민족은 대동강을 경계로 신라와 발해가 220여 년간 남북으로 대치하는 남북국시대를 맞게 됐다.

신라는 삼국통일 이후 불국사와 석굴암을 조성하며 민족문화의 꽃을 피우지만, 엄격한 신분질서인 골품제도의 모순과 치열한 왕위 쟁탈전이 거듭되면서 쇠락의 길을 걷게 된다. 농민과 노비들은 대규모 항쟁을 벌였고 새 세상을 염원했다. 한편 발해는 9세기 해동성국이라는 칭호를 받으며 전성기를 이뤘다. 하지만 고구려 유민과 말갈족 등 다양한 민족들로 구성된 백성들이 서로 반목하면서 10세기 초 결국 거란족에게 멸망을 당하고 만다.

신라와 발해가 멸망하게 된 가장 큰 이유는 무엇일까? 바로 뿌리가 같은 이들인 남북국이 서로 연합하기는커녕 중국에 이용당하면서 창을 겨누고 잦은 전쟁을 벌였기 때문이다. 집권층인 신라의 진골 귀족들과 발해의 고구려계 귀족들이 저마다 자신의 기득권을 지키기 위해 백성들을 수탈하고 권력 다툼에만 매몰된 것도 몰락의 한 원인이었다.

그렇다면 지금의 남북한 현실은 어떨까? 불행히도 1300여 년 전과 크게 다르지 않아 보인다. 분단과 대치는 물론 연평도 해전과 같은 국지전도 이어지고 있다. 내부 구성원 간 분열로 몰락한 발해처럼 지역과 세대 간 갈등 또한 여전하다. 남북문제뿐만 아니라 중국과 일본의 역사 왜곡과 영유권 분쟁 등에 대해서도 적절히 대처하지 못하고 강대국에 의존한 외교로 일관하는 모습을 보인다. 돈과 권력이 있는 사람들은 기득권을 지키기 위해 탈세와 불법을 자행하고 갑의 횡포를 부끄러워하지 않는다.

만약 신라와 발해가 연대해 중국을 견제하면서 통일을 이뤘다면 지금의 한반도는 어땠을까? 적어도 그렇게 허무하고 쉽게 만주 땅이 중국으로 넘어가지는 않았을 것이다. 중국이 동북공정을 통해 한반도 역사를 쉽게 부인하지도 못했을 것이다.

역사에 있어서 가정은 무의미할 수 있다. 하지만 남북 대치가 반복되는 현실 속에서 1300년 전 교훈은 우리에게 시사하는 바가 크다. 역사를 기억하지 않는 민족은 똑같은 수난을 반복해서 당할 수밖에 없다.

유대인들은 우리 민족만큼이나 굴곡진 역사를 갖고 있다. 이집트 등 주변 국가로부터 수많은 침략을 당한 것도 모자라 2000년 넘게 삶의 터전을 잃어버린 채 떠돌아다녔다. 제2차 세계대전 때는 600만 명의 유대인들이 학살당했다. 하지만 1948년 팔레스타인에 다시 국가를 수립한 이후 눈부신 발전을 거듭했다. 죽었던 언어를 살렸고, 인구도 건국 당시보다 13배나 늘었다. 수도인 텔아비브에는 미국의 실리콘밸리 다음으로 많은 IT회사들이 들어섰다. 1인당 국민총생산(GNP)은 2011년 3만 1,000달러였으며, 핵무기와 첨단무기까지 보유해 덩치 큰 주변 중동국가들도 넘볼 수 없는 군사강국이 됐다.

물리학자 앨버트 아인슈타인, 영화감독 스티븐 스필버그, 마이크로소프트 창업자 빌 게이츠, 페이스북 CEO 마크 저커버그, 세계적

투자가 조지 소로스, 언론 재벌 루퍼트 머독, 프랑스 전 대통령 니콜라 사르코지는 모두 유대인이다. 전 세계 인구에서 유대인은 0.25퍼센트에 불과하지만 역대 노벨상 수상자의 30퍼센트, 미국 아이비리그 학생의 23퍼센트, 미국 억만장자의 40퍼센트를 차지하고 있다.

"역사를 기억하지 않는 자들의 과거는 반복된다."

유대인 대학살 장소인 폴란드 아우슈비츠 수용소에 걸려 있던 글귀다. 유대인의 저력은 여기서 출발한다. 가정에서부터 시작된 역사 교육이다. 자신들의 뿌리가 적혀 있는 성경부터 조상의 삶의 지혜가 오롯이 담겨 있는 탈무드까지, 유대인 부모들은 수천 년 동안 기록되어온 역사서를 가지고 어린 자녀들을 교육한다. 숱한 세월 동안 나라도 없이 떠돌이 생활을 했던 그들은 치욕을 되풀이하지 않기 위해 뼈아픈 역사를 새기고 또 새긴다.

유대인들에게 유월절은 가장 큰 명절이다. 유월절은 이집트에서 노예생활을 하던 유대인들을 모세가 이스라엘 땅으로 데리고 나온 것을 기념하는 날이다. 이날 유대인들은 3000년 전 이집트에서 노예 신분으로 먹었던 '맛소'라는 빵을 먹는다. 부모들은 빵을 나누며 학대받던 옛 시절의 이야기를 아이들에게 들려준다. 이런 교육 덕분에 유대인은 2000년의 세월이 무색할 만큼 단일민족으로 다시 똘똘 뭉쳤다. 자신이 어디에서 왔는지, 무엇을 해야 하는지 알려주는 역사 교육과 이를 통해 키워진 시대정신은 어떤 군대보다 강하고 어떤 이념보다 오래 지속된다.

강대국들이 물리적인 힘을 키우는 만큼 역사적인 정체성을 공고하게 확립하는 이유도 여기에 있다. 일본의 신도문화, 중국의 중화삼조당, 미국의 국부 조지 워싱턴을 위한 기념관 등이 그것이다.

공교롭게도 한·중 수교가 시작된 1992년부터 5년 동안 건설된 중화삼조당은 우리가 역사에 무심한 틈을 타 고구려 역사의 근원까지 넘보기에 이르렀다. 중국인들은 자신들을 흔히 '염황지손(炎黃之孫)'이라고 부른다. 농업신 신농(神農)씨로 더 잘 알려진 염제(炎帝)와 유목 농경을 하던 황제(黃帝)의 자손이란 이야기다. 하지만 중화삼조당을 건설하면서 조상을 하나 더 추가했다. 바로 '치우(蚩尤)'다.

배달국의 14대 황제인 치우는 전쟁의 신으로 받들어진다. 치우족의 역사는 단군조선으로 이어지고 고구려가 점령했던 지역 일대를 무대로 하고 있다. 중국은 치우를 자신의 조상으로 삼으면서 고구려사를 중국의 변방사로 편입시키려 하고 있다. '동북공정'이라는 역사 전쟁의 핵심이 바로 여기에 있다.

이미 수십 년 전부터 준비해온 중국의 역사 도발에 우리의 대응은 너무 미온적이다. 중화주의와 군국주의의 단맛을 잘 알고 있는 중국과 일본이 역사 전쟁에 열을 올리는 것은 동북아 패권이 곧 미래의 세계 패권을 잡는 것이나 다름없기 때문이다. 되풀이되는 역사 속에서 이대로 또다시 한 많은 역사를 만들 것인가. 청년이 역사를 공부해야 할 필요와 당위는 크고 무겁다.

우리가 독도를 외칠 때
그들은 독도를 실천했다

독도지킴이, 역사지킴이로 불리는 가수 김장훈은 왕성한 사회활동 때문에 여기저기서 홍보대사 위촉 요청이 쇄도한다. 그런 그가 처음으로 자청해서 홍보대사를 맡겠다고 찾아간 단체가 있다. 그곳은 거창한 정부기구도 아니고, 돈을 많이 주는 공기업도 아니다. 1999년 만들어진 민간단체 반크다. 영문 'Voluntary Agency Network of Korea'의 머리글자를 딴 반크는 사이버상에서 전 세계를 상대로 한국과 한국인에 대해 바르게 홍보하는 외교사절단 역할을 하고 있는 곳이다.

이 단체는 빌딩 청소를 하며 야간대학을 다니던 한 가난한 대학생에 의해 만들어졌다. 처음에는 대한민국을 홍보하겠다는 거창한 목표까지는 없었다. 학과 과제를 위해 만든 개인 홈페이지가 씨앗이 됐다. 당시 대학생이던 박기태 반크 단장은 펜팔 사이트를 만들어 전 세계 한국어과가 있는 대학의 학생들과 소통하는 아이디어를 냈다. 그는 1,000여 개 대학에 편지를 보냈다.

"한국에 관한 정보를 원하시거나 한국 친구를 사귀고 싶은 학생이 있으면 알려주세요."

운 좋게도 한 외국 국립대학 한국어과 교수로부터 학생 100여 명이 한국 학생들과 자매결연을 맺고 싶어 한다는 답장이 왔다. 우연한 기회에 시작했던 이 펜팔 사이트를 통해 박 단장은 충격적인 사실을 알게 됐다. 한국에 대해 많은 외국인들이 오해와 편견, 그리고 잘못된 정보를 갖고 있다는 것이었다. 특히 외국 교과서와 각종 지도에 독도와 동해의 영문 표기가 '다케시마'와 '일본해'로 되어 있는 걸 알고는 경악했다. 취미로 반크를 운영하며 작은 회사에 다니던 그는 잘못된 것을 바로잡아야겠다고 결심하고 본격적으로 반크에 뛰어들었다.

박 단장은 미래가 불안했지만 가치 있는 일을 한다는 믿음으로 버텼다. 당시만 해도 세계지도의 97퍼센트에 동해가 일본해로 표기되어 있었다. 대한민국이란 국가는 'near Japan country', 'near China history' 정도로 여기는 외국인들이 많았다. 이런 상황에서 반크의 취지에 동감한 청년들이 하나둘씩 모여들었고, 이들은 인터넷에서 대한민국을 바로 알리는 운동을 활발하게 해나갔다.

이들의 활동은 무척 실용적이다. 동해가 일본해로 표기된 세계지도는 100만 개가 넘어 정부부처가 나선다고 해도 역부족인 실정이다. 우리나라 외교관 수도 3,000여 명에 불과하다. 그러나 어학연수와 배낭여행, 자원봉사 등으로 1년에 해외로 나가는 젊은이들은 1,000만 명에 달한다. 이들에게 독도와 고구려, 한국을 알리는 홍보물을 나눠주고 스스로 홍보하게 만든 것이다. 이들은 미국과 유럽 등의 교실에 붙은 '다케시마'를 떼고 '독도'를 붙이도록 하는 일을 전개했고, 그 작업은 지금도 계속 진행하고 있다. 이들의 노력과 각종 후원 덕분에 이제는 30퍼센트가 넘는 지도에서 동해라는 표기를

글로벌 독도홍보대사 위촉식에서 인사말을 하고 있는 박기태 반크 단장

발견할 수 있게 됐다.

　반크는 독도와 동해 표기 문제를 넘어 역사 바로 알리기 운동, 아시아 빈곤 퇴치, 통일 인식 제고 등 그 영역을 넓혀가고 있다. 반크 사이트에서 활동하는 회원 수만 현재 13만 명이 넘는다. 한양대와 광운대 등에서는 반크 수업까지 생겼다. 학생들이 수업시간에 독도와 동해, 대한민국을 바로 알리는 반크 활동에 참여하면 학점을 받을 수 있도록 한 것이다.

　반크는 자신들과 같은 단체 500개를 새로 만드는 꿈도 갖고 있다. 국가 외교, 일본군 위안부, 독도·동해, 역사, 한식, 관광 등 알려야 할 분야는 많은데, 반크 하나만으로는 감당하기 어렵기 때문이다. 반크는 한국의 청년들을 홍보대사로 양성하는 것을 넘어 청년 외교 벤처 사업가로 키우겠다는 계획을 가지고 있다.

취업과 미래에 대한 불안에 치여 살던 한 가난한 청년이 우연히 발견한 가능성은 이제 한국을 전 세계에 제대로 알릴 수 있는 기회의 싹으로 자라나고 있다. 박기태 단장은 대통령 직속 자문기구인 청년위원회 위원으로 선임됐다. 그의 청년정신이 높게 평가된 것이다. 그의 명함에는 이런 글귀가 적혀 있다.

'겨자씨는 어떤 씨보다 더 작은 것이지만 자라면 어떤 뜰보다 더 커져서 나무가 되며, 공중의 새들이 와서 그 가지에 깃들입니다.'

박 단장이 밝히는 포부는 다음과 같다.

"3퍼센트 염분이 바닷물을 썩지 않게 하듯 동해 바다를 지키고자 했던 우리의 작은 노력이 태평양을 넘어 지구촌을 돌고 돌아 전 세계의 희망이 될 것입니다. 새로운 대한민국의 미래를 꿈꾸는 3퍼센트의 청년들이 이를 위해 애쓴다면 21세기 대한민국은 아시아와 지구촌을 변화시킬 대표적인 나라가 될 것입니다."

어른이 되는 시간
깊이어를 즐겨라

인수위원회 활동 중에 우리에게 생소한 단어 하나가 화두로 떠올랐다. '갭이어(gap year)'가 그것이다. 어른이 되기 전 자신의 꿈과 끼를 찾기 위해 다양한 활동을 펼치는 시간을 말한다. 주로 휴학이나 방학 기간을 이용해 학업을 중단한 채 혹은 학업을 병행하면서 창조의 시간을 갖는 것을 의미한다. 봉사 활동, 여행, 교육, 인턴, 창업 등 모든 게 가능하다.

갭이어를 처음 화두로 던진 사람은 박칼린 뮤지컬 음악감독이자 청년특별위원회 위원이다. 청소년 시절에 미국을 비롯해 여러 나라를 여행하며 갭이어를 갖고 진로를 모색했던 박 감독의 경험은 다른 위원들에게도 큰 자극이 됐다.

박 감독의 설명을 듣고 갭이어의 필요성에 공감하고 갭이어를

청년정책의 새로운 키워드로 지정할 때쯤 새로운 문제가 대두됐다. 용어에 대한 생경함이 그것이다. 아무리 좋은 제도도 용어가 낯설면 사람들에게 널리 알리기 힘든 법이다. 고민 끝에 박 감독이 갭이어의 동양식 표현을 제안했다. 바로 '만행(萬行)'이었다.

"다양한 활동과 경험에 도전해보자는 취지에요. 평소 자신이 좋아하는 일을 하다 보면 내가 누구이고 무엇을 잘하는지를 자연스레 알게 될 겁니다. 만행이란 말은 한자문화권에서 어느 정도 통용이 가능하지 않을까요?"

한국예술원 등에서 후배들을 가르치고 있는 박 감독은 자신이 무엇을 좋아하고 무엇을 잘하는지도 모른 채 대학에 진학하는 한국 학생들에 대한 안타까움을 표시했다.

"미국에선 고등학교 졸업 후 곧바로 부모로부터 정신적·물질적으로 독립하는 것을 자연스럽게 받아들이죠. 저 또한 졸업 후에 무엇을 해야 할지 고민이 많았어요. 그래서 음악도 하고 무용도 하고 여행도 다니면서 좋아하는 일들을 직접 부딪혀봤죠. 청소년기를 거쳐 육체적으로 몸이 성장하듯 정신적으로도 어른이 되는 과정을 거쳐야 해요. 대학은 자신이 하고 싶은 걸 이루기 위해 더 공부할 사람만 가는 곳이라고 생각하지, 가지 않는다고 창피하게 여기는 사람은 거의 없어요."

미국 유학생이던 한국인 아버지와 리투아니아 출신 미국인 어머니 사이에서 태어난 그녀는 한국과 미국을 오가며 어린 시절을 보냈다. 그 과정에서 다양한 문화와 각양각색의 사람들을 접하면서 자연스레 꿈도 여러 번 바뀌었다. 어렸을 때는 언니들을 따라 무용을 했고, 학창 시절에는 첼로를 배웠다. 고등학교 때는 1년간 한국에서 학교를 다니며 국악에 심취하기도 했다.

"저는 운이 좋은 편이에요. 미국과 한국 등 여러 곳에서 만행을 경험할 수 있었죠. 한국에 처음 왔을 때는 꽉 짜인 학교 수업에 별로 흥미를 느끼지 못했어요. 대신 연극을 하고 영자신문을 만들기도 하고 다양한 특별활동을 하면서 재미를 찾았죠. 그러다가 국악을 접하게 됐고, 민속학원에 다니며 북과 장구를 신나게 친 거예요. 대학에 진학하기 전에 이처럼 만행을 해봤다는 게 제 인생에서 큰 힘이 됐죠."

그녀의 꿈 찾기는 대학에 들어가서도 계속됐다.

"대학 가서 음악을 공부하다가 우주선을 타겠다고 다시 시험을 봐서 전자공학과를 갔어요. 그곳에서 한 학기 동안 공부를 해보니 비행은 취미로 해야겠다는 생각이 들더군요. 그리고 음악이 너무 그리워 다시 돌아왔죠."

미국에서 대학을 마친 그녀는 서울대에서 본격적으로 국악을 공부했다. 그때 인간문화재인 명창 박동진 선생을 무작정 찾아갔다.

"3년 넘게 날마다 갔어요. 전수자가 돼서 더 깊이 배우고 싶었는데, 한국 국적이 아니다 보니 전수자로 이름을 못 올렸죠. 선생님께서는 미안하다고 말씀하시더군요. 그 얘기만으로도 얼마나 뿌듯하던지, 나이가 좀 더 들고 연습이 어느 정도 되면 제대로 소리를 한번 해보고 싶어요."

박 감독은 만행을 통해 감사하는 법을 배웠다고 했다. 다양한 경험과 도전을 통해 자기 자신을 찾아나갔고 그 과정에서 좋은 멘토들도 만났다. 하지만 그중에서도 자신만의 시간을 갖는 것이 가장 중요하다고 조언한다.

"한국 학생들 중에 혼자 무엇을 하는 것을 어색해하고 두려워하는 친구들이 꽤 있어요. 혼자 밥 먹으러 못 가고, 영화도 혼자서는 보러 가지 않죠. 하지만 아무한테도 방해받지 않고 혼자서 무언가를 관찰하는 일은 무척 중요한 것 같아요. 자신이 한 행동들을 돌아보고 책임질 수 있는 시간이 필요하거든요. 만행이 중요한 만큼 만행을 통해 얻은 깨달음을 스스로 곱씹어보는 시간도 반드시 필요하다는 거죠."

만행은 자기 자신을 찾아가는 여정이다. 그렇다고 꼭 돈을 들여 해외여행을 떠나고 다양한 체험을 하라는 얘기가 아니다. 먼저 자기 자신이 좋아하는 일에 집중하는 것이다. 그것을 미리 체험하기 위한 길을 찾는 것이다. 최근에 정부와 기업에서는 다양한 인턴과 직업 체험 프로그램 등을 운영하고 있다. NGO나 사회단체들도 자원봉사자들에게 문을 활짝 열어놓고 있다.

박 감독은 만행의 길에 들어서길 주저하는 한국 청년들에게 다양한 경험과 가능성을 체험케 하고 스스로를 온전히 표현할 수 있는 기회를 갖도록 해주고 싶다고 했다. 가칭 '청년 엑스포'를 개최해 청년들의 꿈과 끼를 마음껏 발휘할 수 있는 장(場)을 열어주고 싶다는 포부도 밝혔다.

"다양한 경험과 도전을 통해 자기 자신에 대해 많이 생각하는 것이 중요합니다. 이를 토대로 자신을 깊숙이 들여다봐야 해요. 그래서 내가 누군지, 하고 싶은 게 뭔지, 무엇을 할 때 피가 끓는지 그 열정을 찾아야 하죠. 자신의 모든 열정을 쏟아 부을 수 있는 일을 찾는 과정이 바로 갭이어, 만행이에요."

명사로 끝나는 꿈
동사로 꿈틀거리는 꿈

초등학교 시절 생활기록부에 빠지지 않는 항목이 있었다. 바로 장래희망이다. 당시 나의 꿈은 의사였다. 사실 내 생각이라기보다는 부모님의 희망이었다. 나는 피를 보면 기겁할 만큼 비위가 약했다. 어렸을 때는 손으로 병아리도 잡지 못할 만큼 심약했다. 그런 나의 꿈이 의사였다니.

게다가 왜 의사가 되고 싶은지 물어보는 사람도 없었다. 새 학기가 되면 담임선생님이 으레 장래희망을 물었지만 그 이유를 묻는 경우는 없었다. 고등학교에 진학한 이후 이과와 문과를 선택하는 기로에 섰을 때도 꿈은 별 영향을 주지 않았다. 수학을 잘하는지 아니면 국어와 영어의 성적이 좋은지가 더 중요했다. 수학에 자신이 없

었던 나는 어른들이 정해준 장래희망과 무관하게 문과를 택했다. 그
때도 역시 왜 문과에 가야 하는지에 대해선 별 다른 생각이 없었다.

요즘 학생들은 어떨까? 2013년 5월, 전국교직원노동조합이 경남
지역 초등학교 5~6학년생 921명을 대상으로 설문조사를 했는데,
10명 중 3명이 장래희망으로 교사와 공무원을 꼽았다. 이어 예술가
(16.9퍼센트), 연예인(12.5퍼센트), 정치인(7.8퍼센트), 운동선수, 의사,
요리사, 과학자, 변호사순이었다.[1] 학생들도 성인들처럼 직업 선택
과 관련해 현실성을 크게 고려하고 있음을 보여주는 자료다.

그런데 이 설문조사에도 역시 '왜 이런 장래희망을 갖게 됐는지'
에 대한 질문은 없다. 그만큼 우리는 자신의 꿈과 끼, 그리고 재능에
대해 생각할 기회가 적은 것이다. 남들이 선호하는 직업이 꿈이 될
수밖에 없는 사회 분위기는 이런 환경에서 비롯됐다고 볼 수 있다.

장래희망을 얘기할 때, 천편일률적으로 의사나 교사와 같은 '보
통명사'에만 초점이 맞춰진다는 것도 문제다. 왜 이런 희망을 갖게
됐는지에 대해 구체적으로 설명할 수 있는 '형용사와 동사'에도 관
심을 가질 필요가 있다. 예를 들어 단순히 "난 의사가 되고 싶어요"
가 아니라 "난 아프리카에서 에이즈를 퇴출하는 내과의사가 되고
싶어요"라는 구체적인 목표가 있어야 한다. "교사가 꿈"이라는 단
답형 대답만으론 꿈을 설명하기에 부족하다.

"일본의 독도 영유권 분쟁이나 중국의 동북공정에는 쉽게 분노
하지만 제대로 된 우리 역사를 아는 학생들은 별로 없잖아요. 그래

서 저는 올바른 역사관과 세계관을 불어넣는 역사 선생님이 되고
싶어요"라는 세부적인 답변이 더 필요한 시대가 아닐까? 꿈이 명사
로 굳어져버린 요즘 젊은이들은 과연 무엇을 얻고자 하는 걸까?

2000년대 초반의 이른바 '5대 필수 스펙'인 학벌, 학점, 토익, 어
학연수, 자격증은 현재 봉사, 인턴, 수상경력이 더해져 '8대 스펙'으
로 확대됐다. 스펙이 화려해진 만큼 취업 준비생들은 바빠졌다. 취
업에 대한 불안감이 커지면서 모두들 스펙 쌓기에 혈안이 되어 있
기 때문이다. 스펙을 쌓기 위해 휴학한다는 것은 이제 특별한 일도
아니다. 학원 수강과 해외 연수는 크게 늘었고 그만큼 취업 시기는
늦어졌다. 소비가 위축되고 연애와 결혼도 미뤄졌다. 우리 사회의
저출산율은 이런 악순환의 당연한 결과인 셈이다.

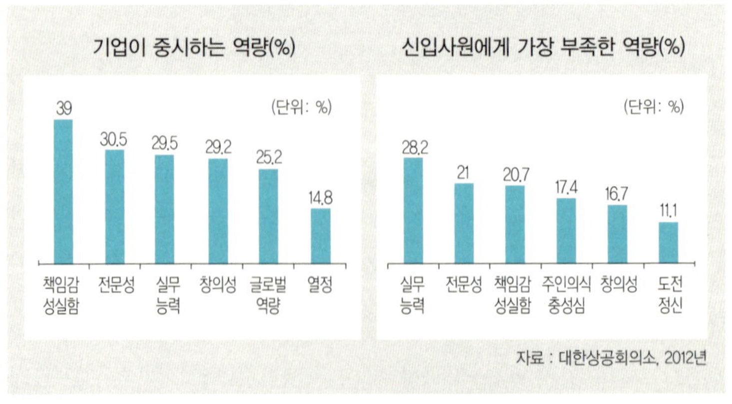

기업이 원하는 역량 vs. 신입사원에게 부족한 역량

그런데 기업은 왜 필요한 인재를 찾기가 더 어려워졌다고 입을 모을까? 취업준비생들의 스펙은 갈수록 높아져 가는데 말이다. 대한상공회의소가 2012년 조사한 결과에 따르면 기업이 중시하는 역량은 책임감, 전문성, 실무능력, 창의성, 글로벌 역량, 열정순이었다. 반면 기업이 느끼는 신입사원에게 가장 부족한 역량은 실무능력, 전문성, 책임감, 주인의식, 창의성, 도전정신순이었다.[2] 그렇다면 이런 부조화는 어디서부터 왔을까?

학력 과잉으로 인한 불균형 문제가 아닐까 싶다. 선진국 중에 대학진학률이 50퍼센트를 넘는 곳은 많지 않다. 독일은 40퍼센트 수준이며, 일본도 50퍼센트가 채 안 된다. 하지만 대한민국은 어떤가? 대학진학률이 70퍼센트를 훌쩍 넘어 경제협력개발기구(OECD) 국가 중 가장 높다. 이들 나라에서는 대다수 기업들이 대학 교육을 굳이 원하지 않는다. 언제든 똑같은 제품이 대량으로 생산되는 것처럼 교육 공장에서 만들어지는 획일화된 스펙을 원하지 않는다는 것이다.

팝쿠튀르 청년의 통섭과 실험정신

얼마 전에 서울 강남의 한 패션 기획전에 들렀다. 우선 제목부터 눈에 띄었다.

"K. 팝쿠튀르 전?"

정체불명의 외래어에 나는 잠시 고개를 갸우뚱했지만 설명을 들어보니 철학이 남달랐다. 기성품이 아닌 최상의 맞춤복을 의미하는 오트쿠튀르(haute couture)에 트렌디한 팝(pop)을 접목시킨다는 뜻이었다. 오트쿠튀르는 개성이 넘치고 소비자의 몸에 꼭 맞는 장점이 있는 반면에 실험적이어서 불편하다는 단점도 있다. 대중과 괴리돼 비싸고 난해하다는 평도 받는다.

팝쿠튀르(pop couture)는 이런 단점을 보완하기 위해 대중적인 트렌드를 융합했다. 그중 하나가 자수, 매듭, 누빔 등 규방공예 기술이 응축된 조선시대 여인들의 노리개를 최신의 클러치백과 접목시킨 가방이었다. 조선시대 규방공예와 뉴욕 잇(it) 아이템의 결합, 전통과 팝아트의 조화가 돋보인 제품이었다.

청년위원회 설립을 준비하면서 또 한 명의 청년인 팝쿠튀르 작가 김현정을 만났다. 조선시대 풍속화를 연상시키는 그의 작품은 남다른 에지가 있었다. 대표적인 작품은 〈아차我差〉다.[3] 한복을 곱게 차려 입은 젊은 여자가 방바닥에 앉아 냄비 라면을 먹고 있는데 시선은 방 한편에 놓인 루이뷔통 핸드백과 스타벅스 커피를 향해 있었다. '값싼 라면'과 '비싼 명품'이 역설적으로 어우러진 이 작품은 페이스북의 유머 페이지에서 4만 2,000여 명의 추천을 받는 등 선풍적 인기를 끌었다.

허영심에 젖은 한국인의 왜곡된 욕망을 해학적으로 표현한 작가를 처음 만났을 때, 나는 깜짝 놀랐다. 작품 속 여인이 내 눈앞에 앉

김현정의 〈아차〉

아 있었던 것이다. 김 작가도 부인하지 않았다.

"그림 속 모델은 바로 저예요. 가장 고상한 옷인 한복을 입고 세속적인 행동을 하는 모습을 통해 인간의 양면성을 해학적으로 표현하고 싶었어요. 바로 나의, 그리고 우리의 모습이죠."

서울대 동양화과 차석 졸업이라는 화려한 스펙과 어디서든 눈에 띄는 곱상한 외모와 달리 그녀의 과거는 비단길만은 아니었다. 그녀는 자신의 꿈과 작품 세계를 찾기 위해 닥치는 대로 다양한 경험을 쌓았다. 입시학원 강사와 큐레이터 보조는 기본이고, 고깃집 전단지 돌리는 아르바이트부터 인터넷 쇼핑몰 창업까지 해봤다. 국내 미술품 유통 과정의 문제점을 해결하고 미술의 대중화를 선도하겠다는 포부로 경영학을 복수 전공하기도 했다.

이런 당찬 도전과 경험이 빛을 발한 덕분인지 그녀의 작품은 전시 때마다 완판 행진을 이어가고 있다. 20대 여성의 팝쿠튀르 모험은 연륜을 중시하는 동양화 미술계에 파란을 일으키고 있다.

팝쿠튀르 작가들의 공통점은 남들이 가지 않는 길을 탐미한다는 것이다. 그들은 융합과 통섭을 탐구하며 작품을 위해서라면 수천 번의 시도와 콜래보레이션(collaboration, 서로 다른 분야의 공동 작업을 통해 새로운 작품을 만들어내는 협업)을 기꺼이 한다. 이들에게서 나는 스펙 제조기에서 일률적으로 찍어 나오는 기성품 인생을 대체할 해법의 단초를 발견했다.

직업의 종류만 수만 가지에 달하고 하루가 다르게 새로운 일자리가 생겨나지만 공무원과 교사 등 상위 희망직업군은 몇십 년째 바뀌지 않고 있다. 예전에는 희망직업군의 상위권에 들지 못했던 연예인이 최근 부쩍 높은 선호도를 보이는 것 정도가 변화라면 변화일 것이다. 교육부 조사에 따르면 학부모의 대다수가 자녀 진로 교육의 중요성에 공감하고 있지만 이를 뒷받침하는 체계적인 교육 과정은 제대로 운영되지 않는 실정이다.

정보의 홍수시대를 살아가는 우리들이다. 하지만 진로와 관련해서는 충분한 체험 활동이 부족한 게 현실이다. "중고등학교를 다닐 때 제대로 된 진로 교육이나 현장 체험을 했더라면" 하고 아쉬움을 토로하는 사람들을 주변에서 쉽게 만날 수 있다. 막상 직장에 들어간 뒤 뒤늦게 진로 때문에 고민하는 사람들도 많다.

진로 탐색은 빠를수록 좋다. 팝쿠튀르 작가들처럼 남다른 생각과 나만의 오트쿠튀르 인생을 살아가기 위해 부단히 시도하고 깨져야 자신이 진정 어떤 삶을 원하는지 알 수 있다. 이런 의미에서 진로 탐색은 진정한 나를 찾아 떠나는 첫 여행이자 후회 없는 어른이 되어가는 통로가 아닐까.

갭이어를 즐기는
세계의 청년 리더들

대한민국에 오디션 열풍을 몰고 온 〈슈퍼스타K〉. 2012년 우승은 외모와 실력, 집안 배경까지 갖춘 엄친아 로이킴에게 돌아갔다. 국내 대형 주류업체 대표의 아들인 그는 미국에서 고등학교를 다니면서 합창단과 뮤지컬 활동을 하며 가수의 꿈을 키워나갔다. 부모의 권유로 명문대학인 조지타운대 경영학과에 입학했지만 휴학을 하고 갭이어를 선택했다. 로이킴은 입학을 미룬 채 한국행을 택했고 〈슈퍼스타K〉를 통해 가수의 꿈을 이뤘다.

영국을 포함한 여러 선진국에서는 상당수의 학생들이 고등학교를 졸업한 뒤 곧바로 대학에 진학하지 않는다. 약 1년 동안 다양한 경험을 쌓는 갭이어를 갖는다. 여배우 엠마 왓슨과 영국 왕실의 왕자들도 갭이어를 가진 바 있다. 영화 〈해리포터〉의 여주인공 엠마 왓슨은 명문 아이비리그 브라운대의 입학을 앞두고 갭이어를 선언했다.

그녀가 선택한 활동은 공정무역 의류회사에서 인턴으로 일하는 것이었다. 제3세계 국가를 돕기 위해 유기농 직물과 재활용 소재를 사용해 옷을 만드는 사회적 기업인 이 회사는 개발도상국의 고용 창출을 위해 힘쓰고 있다. 왓슨은 무료 화보 촬영은 물론이고 의상 디자인에도 참여했다. 또한 생산 기지가 있는 방글라데시를 방문해 공정무역을 세상에 알리기도 했다. 그녀는 남다른 체험의 시간에 대해 이렇게 평가했다.

"제가 좋아하는 패션을 통해 빈곤 해소에 일조할 수 있다는 사실을 알게 됐어요. 패스트 패션(fast fashion)에 익숙한 요즘 젊은이들에게 윤리의식과 환경의식을 깨닫게 해주었죠. 대학 진학 전에 많은 일을 배울 수 있었던 최고의 프로젝트였습니다."

영국 왕위 계승 서열 두 번째인 윌리엄 윈저 왕자는 갭이어 동안 10주 일정의 군사훈련을 받았다. 틈틈이 칠레에서 학생들을 가르치기도 했다. 그는 다른 젊은 교사들과 함께 방을 쓰면서 그들과 똑같이 변기 청소하는 일도 마다하지 않았다.

한편 해리 윈저 왕자는 2004년 갭이어 기간 동안 호주에서 소떼를 모는 카우보이 생활을 체험했다. 그는 에이즈 퇴치에 앞장섰던 어머니 고 다이애나 왕세자비의 유지에 따라 아프리카 레소토에서 에이즈 환자를 상대로 봉사 활동을 펼치기도 했다.

갭이어를 경험한 이들은 부모의 보살핌에서 벗어나 더불어 사는 공동체를 경험하게 된다. 그 과정에서 부딪히는 문제점에 대한 해결 방법을 스스로 찾는 동안 앞으로 무엇을 공부해야 하고 어떤 기술을 습득해야 할지 고민하고 자신의 인생 계획을 수립할 수 있다. 세상에 나를 던져 어른이 되어가는 과정을 경험하는 것이다.

갭이어라는 생소한 문화는 1960년대 영국에서 출발했다. 이후 아일랜드에서 '전환학년제(transition year)'라는 이름으로 제도화되면서 확산되기 시작했다. 1974년 아일랜드 교육부는 과도한 교육열로 학생들이 입시에 매몰되는 것을 방지하기 위해 전환학년제를 도입했다. 원하는 학생에 한해 1년간 틀에 박힌 교과 공부에서 벗어나 진로를 고민하고, 봉사 활동과 직업 체험을 하는 시간을 주는 것이다. 여기에 참여하는 학생은 4학년으로, 그렇지 않은 학생은 4학년을 건너뛰고 5학년으로 올라가도록 했다. 본격적으로 입시에 몰두하기 전에 스스로를 돌아보고 진로를 탐색하라는 취지에서 시작된 제도다.

일본도 2011년에 들어서 'JGAP'이라는 이름으로 갭이어를 본격

1. 체계적으로 연구를 한다

갭이어의 경험이 있는 사람들을 만나 조언을 구하고 온라인 모임 등을 통해 다양한 정보를 습득한다.

2. 시간과 공을 들인다

갭이어를 갖기 최소 1년 전부터 계획을 세우고 비용을 마련한다.

3. 진로의 단절로 여기지 않는다

이력과 경력의 연장선상에서 기술과 경험을 축적하는 데 초점을 맞춘다.

4. 다양한 사람을 사귄다

미래의 진로를 개발하는 데 유용한 사람들을 만나고 관계를 형성하는 데 시간을 쏟는다.

5. 능력 계발에 힘쓴다

자신의 진로에 따라 어학은 기본이고 스포츠와 멘토링, 각종 자격증 등 관련된 기술과 실력을 연마한다.

적으로 도입했다. 영국처럼 일부 대학에서 입학을 1년가량 늦추는 등 다양한 제도적·행정적 지원을 하고 있다. 이런 추세에 발맞추어 우리나라도 2013년부터 중학교 과정 중 한 학기를 자유학기제로 적용해 시범 실시에 들어갔다. 자유학기제는 해당 학기 동안 시험을 치르지 않고 학생들의 소질과 적성에 맞는 진로 탐색과 체험 활동 위주로 수업을 하는 제도로, 시범 운영을 거친 뒤 2016년부터 모든 중학교에서 시행될 예정이다.

누구나 따라가는 길
누구도 가지 못한 길

2005년 대학 입시를 앞둔 박진수 씨는 전공을 선택하지 못하고 있었다. 명확한 꿈이나 목표가 없었던 탓이다. 고민하던 중 우연히 물리치료사가 유망하다는 뉴스를 접했다. 이거다 싶어 물리치료학과에 진학하려 했지만 뉴스의 영향 때문인지 해당 학과의 경쟁률이 치솟는 바람에 그는 어쩔 수 없이 임상병리학과에 입학했다.

떠밀리듯 입학하다 보니 공부에 흥미를 느끼지 못했고 결국 1학년을 마치자마자 군에 입대했다. 제대 후 그는 다양한 아르바이트와 봉사 활동에 뛰어들었지만 자신이 무엇을 잘하고 무엇을 하고 싶은지 알 수가 없었다. 그러던 어느 날 우연히 잡지에서 갭이어라는 개념을 접했다.

대학교 3학년 스물다섯 살. 남들은 취업을 위해 토익시험과 자격증 취득, 학점 세탁에 열중할 시간에 그는 1년간 자아 찾기를 위해 떠나기로 마음먹었다. 먼저 외국 대학생들이 갭이어로 많이 선택하는 '워킹 홀리데이'를 시작했다. 해외에서 일하면서 연수하는 이 기간을 어떻게 보낼 것인지 고민한 뒤 촘촘히 일정을 짜고 버킷리스트도 작성했다. 목적지는 호주였다.

우선 2개월간 어학연수를 하며 현지 친구들로부터 갭이어에 대한 다양한 노하우를 전수받았다. 그런 다음 일자리를 구하기 위해 하루에 100통이 넘는 이력서를 호주 기업에 보냈다. 다행히 한 인쇄 공장에서 연락이 왔고, 그곳에서 기계 운영부터 지게차 운전까지 많은 경험을 쌓게 됐다. 주말에는 바리스타 교육과 같은 다양한 프로그램에도 참여했다.

그는 반년간의 근로 활동을 마치고 현지에서 만난 친구와 함께 유럽 여행을 시작했다. 한 달 동안 15개국을 돌아다닌 그는 갭이어의 마지막 종착지인 동남아로 향했다. 봉사 활동을 하면서 '사회 속 나'의 가치를 발견하기 위함이었다. 호주에 머무는 동안 미리 연락을 취해놓은 봉사 단체를 통해 캄보디아의 한 고아원을 찾았고, 그곳에서 그는 2주간 미술과 체육 활동 도우미로 일했다.

박진수 씨는 1년간의 갭이어를 통해 도전정신과 자신감, 그리고 끈기를 얻었다.

"다른 친구들처럼 토익 점수가 높거나 자격증을 가진 것은 아니지만 내 존재만으로도 증명되는 강점을 갖게 된 것 같아요. 내가 무엇을 좋아하고 잘하는지도 알게 됐습니다."

그는 의료 관광을 활성화시키고 의료 손길이 부족한 지역에서 봉사하며 살겠다는 명확한 목표를 갖게 됐다. 귀국한 뒤 그는 워킹 홀리데이 홍보 활동에 참여했고, 청와대 G20세대 정책자문위원으로도 활동했다. 목표가 명확해지다 보니 번번이 탈락의 고배를 마셔야 했던 임상병리사 면허도 쉽게 딸 수 있었다. 지금은 자신의 값진 경험을 알리기 위해 친구들과 함께 한국 갭이어를 설립해 활동 중이다.

"최근 갭이어에 대한 인식이 확산되면서 어떤 프로그램이 자신에게 맞는지 판단하고 참여하는 학생들이 크게 늘어나고 있습니다. 이런 분위기가 지속된다면 학생들은 자신의 삶을 좀 더 주도적으로 살 수 있고 삶의 진로도 명확하게 설계할 수 있을 거라 확신합니다."

앞서 말했듯이 선진국에서는 국가 차원에서 갭이어 활동을 적극 권장한다. 부모 세대들을 모아놓고 강연회 등을 가지며 갭이어의 다양한 효과를 설명한다. 선진국들이 강조하는 갭이어의 효용성은 진로를 선택하기 전에 자신의 꿈에 대한 구체적인 지도를 그릴 수 있다는 점이다.

갭이어를 통해 얻을 수 있는 것은 크게 다섯 가지로 정리할 수 있다.

첫째, 자신만의 능력과 기술을 개발할 수 있다. 갭이어 기간 동안 사람들은 대개 다양한 도전을 하며 어학 실력을 키우거나 새로운 관계를 형성하거나 혹은 자신이 좋아하는 분야의 공부를 한다. 갭이어를 통해 평소 관심이 많았던 스포츠나 취미 활동을 하며 조직생활에 적응하거나 의사소통 능력을 키우거나 팀워크의 노하우를 체득할 수도 있다.

둘째, 미래의 진로를 탐색할 수 있다. 갭이어는 또 다른 의미로 성숙과 독립(maturity and independence)의 과정이다. 부모의 그늘을 벗어나 자신을 돌아보며 영감을 얻는 데 유용하다. 자신이 왜 공부를 해야 하는지, 미래에 무엇을 할지를 진지하게 고민하는 시간이다. 사고의 폭을 넓히는 것은 물론 독립된 개체로서 성숙한 삶의 태도를 배울 수 있는 절호의 기회가 된다. 갭이어를 통해 자신이 원하는 진로를 찾고 스스로 결정하는 습관을 얻을 수 있다.

셋째, 잃어버린 학구열을 되찾을 수 있다. 갭이어는 학업에 지치거나 공부에 대한 흥미를 잃은 학생들에게 배움에 대한 가치를 일깨워준다. 배움이라는 것이 학교 안에서만 존재하는 것이 아니라는 점도 깨닫게 해준다. 갭이어는 호기심을 자극해 공부에 대한 욕구를 새롭게 다질 수 있는 기회가 될 수 있다.

넷째, 고유한 세계관을 형성할 수 있다. 해외나 낯선 환경에서의 여행과 봉사 활동은 젊은이들에게 엄청난 영감을 불러일으키곤 한다. 이를 경험한 사람들은 기존의 가치체계를 재점검하는 동시에 다른 문화를 받아들이는 포용력을 얻게 된다. 대학 교수들은 갭이어를 경험한 학생들이 그렇지 못한 학생들보다 강의실에서 훨씬 더 깊이 있고 광범위하게 토론을 이끌어간다고 말한다.

다섯째, 고용주를 매혹시킬 수 있다. 갭이어는 다양한 체험과 도전을 해보는 시간이지만 가급적 자신의 적성과 진로에 맞게 건설적인 경험을 쌓아나가는 것이 효과적이다. 이를 위해서는 무엇보다도 사전 준비와 계획이 중요하다. 갭이어를 자신의 진로에 대한 경험과 헌신을 보여줄 수 있는 기회로 활용하고 다양한 이야깃거리를 창조하는 과정이 필요하다. 계획적이고 일관성 있는 갭이어 활동은 자신이 원하는 직업의 고용주에게 좋은 인상을 심어주고 그를 매혹시킬 수 있는 기술을 습득하게 해준다.

마지막으로 위기관리와 비용관리 능력을 기를 수 있다. 갭이어 기간 동안 위기관리와 비용관리는 물론 도전에 대한 가치도 깨닫게 된다. 인생에서 시간과 기회는 유한하다. 갭이어를 통해 경험의 횟수와 종류를 늘리는 것만이 능사는 아니다. 투입되는 시간과 비용에 대비해 어떤 효용을 얻을 수 있는지를 꼼꼼히 따져보는 습관을 길러야 한다. 재미와 휴식에 지나치게 많은 시간을 할애한다면 새로운 가치를 습득하기 어려울 수 있다. 갭이어를 모든 선택에는 기회비용이 따른다는 진리를 깨닫는 시간으로 활용해야 한다.

3장

내일을 보는 힘
개똥철학이 삶을 이끈다

해박한 지식과 유려한 언변, 그리고 능숙한 기타 리프에 얹은 허스키한 노랫소리까지 총학생회장 출신으로 청년부 임원이었던 그는 자매들에게 선망의 대상인 '교회 오빠'였다. 그는 남자 형제들에게도 인기가 많았다. 그는 나침반과 같은 존재였다. 그의 방향침은 한결같았다.

기복신앙에서 벗어나 사회적 책임(CSR)을 다하자며 목회자를 꿈꾸던 그가 돌연 사회운동에 뛰어들었다. 그는 세상엔 십자가가 여전히 너무 많았지만 평신도 사역자들이 세상을 바꾸는 시대가 왔다고 생각했다. 약자들에겐 밀알처럼 사회변혁을 실천하는 사람이 필요했다. 그는 그렇게 살고 싶었다.

오랫동안 청년 NGO 활동을 해온 그에게 현실 정치의 요청과 제

안들이 적지 않았다. 하지만 젊은 세대의 독립과 자립을 강조했던 그는 정파를 초월한 풀뿌리 운동에 주력했다. 대표적인 것이 2007년 17대 대통령 선거 무렵 시작한 '포스트 386 청년유권자 운동 커밍아웃 2035'였다. 이는 투표를 통해 세상을 바꿔보자는 운동으로, 그는 전국을 돌아다니며 젊은 유권자의 이야기를 모은 다음 그것을 공연과 퍼포먼스로 녹여냈다. 대선 후보자들을 초청해 함께 비보이 춤을 추기도 했다. 그 과정에서 2030세대들의 이해와 요구는 자연스럽게 스며들었다.

이후 그는 또 다른 청년운동인 자원봉사단 'V원정대(Volunteer Expedition)'를 이끌며 변화를 모색했다.

"훈련을 받은 제자들은 봉사 활동을 위한 학생 자치 조직의 구성

을 고민하기 시작했죠. 그들이 전국에 건강한 총학생회도 만들어나
갔어요. 더불어 사는 사회를 꿈꾸는 자생적인 리더십이 나눔을 위
한 다양한 실천 아이디어를 쏟아냈습니다."

V원정대는 가수 김장훈과 함께 독도에서 콘서트를 열었다. 연평
도 해전으로 상처받은 주민들을 위로하기 위해 '연평아리랑 콘서
트'를 개최했다. 도서 지역을 찾아 자원봉사를 떠나는 '보물섬 프로
젝트'와 자원봉사 아이디어 공모 오디션인 '볼런티어 코리아'까지
그는 추진하는 행사마다 대박을 쳤다.

대학생 회원 수는 2년 만에 2만 5,000명으로 늘었고 언론의 관심
은 덤으로 따라왔다. 급기야 그는 2012년 19대 총선에서 새누리당
의 '감동 인물'로 선정됐다. 자연스럽게 비례대표 제안이 뒤따랐다.

그의 국회 입성은 적잖은 충격이었다. 그는 해외 유명대학 학벌

이나 영호남 지역 연고도 없었다. 든든한 정치적 라인도 당연히 없었다. 그의 삶은 국회의원이 되고 나서도 크게 달라진 게 없어 보인다. 최근까지도 서울 노고산동 산동네 월세방에서 지내며 무더위와 추위를 견뎌냈다. 재산은 여전히 마이너스 상태다. 제자들의 학비를 대주기 위해 자신의 자취방 전세금을 내놓은 탓이다. 자원봉사 단체를 운영할 때, 네 번이나 장관상을 받았지만 김상민 이름으로 받은 적은 한 번도 없었다. 모두 제자들과 단체에 양보했다. 돈도 빽도 없는 그에게 늘 사람이 모이는 이유가 여기에 있는 듯하다.

집권 여당의 국회의원이지만 그의 행보는 남다르다. 쌍용차 사건 국정조사 때도 약자인 노조 편에 섰다. 독성물질로 120명이 넘는 사상자가 발생했던 가습기 피해자들의 공청회에선 국회일정 불참이 당론이었음에도 불구하고 당의 징계를 감수하고 홀로 공청회 자리를 지켰다. 청년특별고용법 논란 때는 소외돼 있던 30대를 위해 나이 제한을 29세에서 34세로 연장하는 데 앞장섰다. 그는 누구도 선뜻 나서지 않았던 경제민주화 법안 발의에도 적극적이었다. 실제로 그가 대표 발의한 금산분리법의 일부는 6월 국회 본회의를 통과하기도 했다.

"사람들이 떠나는 이유는 앞과 뒤가 달라서이지 않을까 싶어요. 화려한 말의 무성함은 당장 듣기에는 그럴듯해 보이지만 삶의 희생과 헌신이 뒷받침되지 않으면 허공을 울리는 메아리와 다를 바가 없어요. 작은 일을 소홀히 여기지 않으면서 포기하지 않고 살아가는 게 하루하루의 기적을 만드는 방법인 것 같습니다.”

무엇이 그를 여기까지 이끌고 왔을까? 그에겐 남다른 철학이 있었다. 청년 김상민은 1999년 비운동권 출신 가운데 최초로 아주대 총학생회장에 당선됐다. 당시 그가 내세웠던 슬로건은 ‘나눔으로 하나 되는 창조적 학생회, 창조적 대한민국’이었다. 그로부터 꼭 10년 뒤, 그는 ‘나눔으로 하나 되는 창조적 대한민국’이라는 슬로건을 다시 꺼내들었다. 2009년 6월, 대학생 자원봉사단 V원정대를 설립하면서였다.

“V원정대의 설립 정신은 ‘자·함·편·차, 도·개·절·포, 사·사·또·사’입니다. 이건 제 인생관이자 삶의 원칙이기도 합니다.”

그러고는 설명 대신 꼬깃꼬깃해진 종이 한 장에 적혀 있는 글을 보여줬다.

“자본주의가 성숙할수록 나누기 위한 리더십이 필요합니다. 이를 위해 누군가는 현실적이고 지독한 대가를 치러야 합니다. 변함없는 철학도 요구됩니다. 사람들은 꿈을 꾸면서 그것을 이루기 위한 합당한 대가를 감당하려 하지 않아요. 꿈이 현실이 된다는 것은 광물질이 수천 도의 펄펄 끓는 용광로를 거쳐 철이 되는 과정과 같습니다. 하나 되는 창조적인 대한민국을 만들기 위해서는 한결같은 철학과 그에 상응하는 삶의 실천과 헌신이 있어야 합니다.”

그의 철학은 이제 현실 정치 무대 위에 민낯으로 올랐다. 권모와 술수, 거짓과 계략이 판을 치는 두 얼굴의 정치판에서 과연 나눔의

1. **자원합니다!**

   대학생들이 자비량 정신으로 자발적·자치적으로 움직이는 프로그램입니다.

2. **함께 합니다!**

   참가자 모두가 함께 기획하고 함께 진행하고 함께 책임집니다.

3. **편견과 차별을 넘습니다!**

   지역의 차별, 학력의 차별, 인종의 차별, 계층의 차별, 이념의 편견과 갈등을 넘기 위해 우리의 젊음을 드립니다.

4. **도전하고 개척합니다! 절대 포기하지 않습니다!**

   보장되지 않은 결과에 도전합니다. 많은 실패의 축적이야말로 성공을 향한 가장 큰 자산이며 필수 과정입니다.

5. **사랑하고 사랑하고 또 사랑합니다!**

   사람을 향한 사랑, 이웃을 향한 사랑, 민족을 향한 사랑, 세계를 향한 사랑만이 희망입니다. 그 사랑만이 세상을 바꿀 수 있습니다.

DNA가 새로운 정치 바람을 일으킬 수 있을까? 아니면 찻잔 속 태풍처럼 정치적 실험으로 끝날까? 한 젊은 정치인의 행보가 궁금하고 기대되는 이유다.

왜
철학인가

　　　　　　　　한 여성 물리학자가 오랫동안 공들이던 실험에 성공했다. 기쁘고 들뜬 마음에 콧노래를 흥얼거리며 퇴근길 지하철에 올랐다. 그녀는 열차 안의 많은 사람을 바라보면서 흐뭇한 미소를 지었다.

'이 세상에서 아무도 모르는 진리를 나만 알고 있구나. 저렇게 평범한 사람들은 이 기쁨을 모르겠지?'

지하철에서 내려 집으로 걸어가던 중에 그녀는 거리의 철학자를 만났다. 한 손에 책을 든 노신사는 소크라테스와 칸트, 니체, 그리고 헤겔의 논리를 얘기하며 세상살이를 풀어나갔다. 지적 호기심이 넘치는 그녀가 이 광경을 그냥 지나칠 리 없었다. 그의 이야기를 가만히 듣고 있던 그녀는 고개를 절로 끄덕였다.

"과학은 분명 남보다 하나를 더 아는 것입니다. 하지만 철학의 세계는 나의 사고와 정신의 시야를 넓혀주는 거죠. 그래서 남보다 더 높은 곳에서 내려다볼 수 있는 힘을 갖게 해줍니다."

노신사의 말은 이어졌다.

"사람들은 다른 사람의 철학을 이해하게 됐을 때쯤 세상을 내려다보는 힘을 갖고 싶어 합니다. 하지만 그 단계를 넘어 나만의 철학을 갖게 되면 세상을 내려다보기보다는 남의 생각을 올려다보는 겸손이 더 위대하다는 것을 깨닫게 되지요."

사관(史觀) 없는 역사, 신관(神觀) 없는 종교, 철학(哲學) 없는 인생이 당연한 듯이 받아들여지는 사회다. 빠름과 변화에 익숙한 청년들에게 철학은 고리타분한 말장난으로 치부될 뿐이다. 게다가 사회 지도층은 철학으로 각성된 민중을 원하지 않는다. 우리는 모두 자신만의 철학이 없는 채로 살아가고 있다.

그렇다면 철학이 인간에게 꼭 필요할까? 이에 대해 철학자 강대석은 《왜 철학인가》라는 책에서 이렇게 답했다.

"철학이 필요한 것은 올바른 삶을 살아가기 위함이다. 동물처럼 본능에 충실하게 살아가는 것이 아니라 지혜를 모아 자유롭고 정의로운 삶을 영위하기 위함이다. 철학은 인간이 사는 곳 어디에나 존재한다. 동서고금을 불문하고 철학이 존재하지 않는 곳은 없다. 철학은 인류의 경험과 사색이 축적된 결정체다."[4]

과학 기술이 발달한 오늘날, 철학이 무슨 필요가 있냐는 회의론이 세를 얻고 있지만 과학과 기술의 주체는 인간이다. 강 씨는 "발달한 과학과 기술이 인간의 행복한 삶에 도움이 되도록 인도하는 것이 철학"이라고 말했다. 인류의 행복을 위해 철학이 자연과 사회와 인간을 총체적으로 연구하고 비판의 방향을 제시한다는 것이다.

빌 게이츠, 스티브 잡스, 그리고 마크 저커버그는 전 세계 청년들이 가장 닮고 싶어 하는 세계적인 경영자들이다. 이들의 공통점은 인문학에 빠진 공학도라는 사실이다. 젊은 CEO인 저커버그는 하버드대에서 컴퓨터공학과 심리학을 전공했다. 독서광인 게이츠는 인문학과 철학의 중요성을 강조한 것으로 유명하다.

저커버그와 게이츠는 모든 인문학도에게도 프로그래밍을 가르치자는 취지로 비영리단체인 코드닷오알지(Code.org)를 세웠다. 그리고 이를 알리기 위한 영화인 〈학교에서 가르쳐주지 않는 것What most schools don't teach〉에도 출연했다. 영화는 잡스가 남긴 말로 시작한다.

"모두가 컴퓨터 프로그래밍을 하는 법을 배워야 한다. 프로그래밍은 생각하는 방법을 가르쳐주기 때문이다."

잡스의 철학 사랑은 유명하다. 입양아였던 그는 청소년 시절 히피 문화에 젖어 마약에 빠졌다. 대학 진학 후에는 새로운 이상을 찾아 동양 철학에 심취했고, 대학을 중퇴하고 인도 여행을 떠나기도 했다. 한편 잡스는 애플의 신제품을 발표할 때마다 빼놓지 않고 인문학을 강조했다.

그는 "인문학과 기술의 교차 지점에 애플이 서 있다"는 유명한 말로 애플의 정체성을 설명했으며, 자신의 혁신 철학의 지향점을 분명히 했다. "단순함이 복잡함보다 어렵다", "인생은 영원하지 않다. 매일을 인생의 마지막 날처럼 살아라" 등 생전에 그가 남긴 어록들에는 동양 철학을 통해 터득한 삶의 지혜가 담겨 있다.

국내 유수의 기업들도 인문학과 기술의 만남을 주선하고 있다. 삼성그룹이 인문계 전공자를 대상으로 '삼성 컨버전스 소프트웨어 아카데미'를 설립한 것이 대표적인 예다. "6개월 배운다고 비전공자가 소프트웨어를 개발할 수 있겠느냐"는 비아냥거림도 있었지만 지금은 국내외에서 이런 프로그램이 큰 인기를 끌고 있다.

네이버가 소프트웨어 인재 양성을 위해 만든 NHN NEXT가 마련한 '인문사회학도를 위한 소프트웨어 비전 특강'도 매번 200여 석의 자리가 꽉 들어찬다. 프로그래밍 문외한에게 자바스크립트, PHP, HTML 등 컴퓨터 언어를 무료로 가르쳐주는 '생활코딩'이란 인터넷 서비스도 인기다.

기술에 인문학을 연계하는 일은 매우 어렵고 철학적인 작업이다. 하지만 기술의 혁신 또한 인간에 대한 연구이기에 철학을 외면하기는 어렵다. 철학은 인간에 대한 탐구이자 지혜에 대한 사랑이다.

내가 좋아하는 건배사가 있다. 골프를 즐기는 사람들에게 잘 먹히는 건배사다.

"골프의 고수와 중수, 하수의 차이가 뭔지 아세요? 고수는 공이 본 대로 날아가고, 중수는 친 대로 날아갑니다. 하수는 어떤지 아십니까? 공이 걱정한 대로 날아갑니다. 올 한 해는 걱정을 훌훌 털어 버리고 멀리 내다보면서 살아가도록 해요. 제가 '본 대로' 외치고 나면 '간다'를 따라 외쳐주세요. 다 같이 건배, '본 대로! 간다!'"

내가 생각하는 철학은 골프 고수의 생각과 같다. 바로 멀리 내다보는 힘이다. 아무리 하찮더라도, 다른 사람들이 개똥철학이라 비아냥거려도 내가 세운 원칙, 신념, 철학을 가지고 멀리 내다보며 살아야 삶의 영점 조정이 된다. 사격에서 총의 조준점과 탄착점이 일치되도록 조준구를 미세하게 조정하는 것처럼 나의 개똥철학이 순간순간 삐뚤어지게 나가는 내 삶의 방향을 올바른 탄착점으로 이끌 수 있다는 얘기다.

조준점과 탄착점 사이의 거리가 짧다면 영점 조정이 조금 잘못되더라도 탄알이 과녁 정중앙에서 벗어나는 범위는 크지 않다. 하지만 과녁까지의 거리가 길다면 조준의 미세한 차이가 엄청나게 상이한 결과를 초래할 수 있다. 마찬가지로 순간의 선택에 따라 인생의 행로가 크게 바뀌는 청년기엔 자신만의 철학이 있느냐 없느냐에 따라 그 결과는 천양지차가 될 것이다.

철학은 자신이 성장하고 성공한 후에 인생을 돌아보며 정리하는 데 필요한 것이 아니다. 선택의 기로에 섰을 때, 가장 치열하게 살아가는 순간에 평소 갖고 있던 철학이 빛을 발한다. 삶의 이정표와 나침반이 돼주는 것이다. 소소하지만 자유롭고 떳떳하게 살아가는 데 방향타가 되어주는 말 한마디가 바로 철학이다. 철학은 가벼워도 좋다. 멋진 말이 아니어도 좋다. 다만 나를 지켜주고 방향타가 되어주는 말이어야 한다.

미래를 창조하고픈 청년이라면 먼저 자신만의 개똥철학을 가져야 한다. 꼭 절이나 수도원에 들어가 사색을 하며 '나는 누구인가'부터 찾으라는 말이 아니다. 거창하게 철학이라고 말할 것도 없다. 자신의 신조, 좌우명, 믿음, 비전 등 어떻게 불러도 상관없다. 그리고 가끔 바뀌어도 괜찮다. 더 좋은 철학이 가슴에 와 닿는다면 그것을 받아들이면 된다.

사람들이 종교생활을 하는 이유도 여기에 있다. 나는 하나님이 있다고 믿는다. 하나님을 믿지 않는 사람이 종교에 기대는 이유는 삶의 지혜와 내일의 지표를 갈망하기 때문이다. 당신은 자신만의 개똥철학을 가져본 적이 있는가?

학교에서 가르쳐주지 않는 것들

내가 초등학교에 다닐 때만 해도 학기 초가 되면 꼭 자신의 좌우명을 써오라고 했다. 대개는 부모님과 상의해 좋은 문구를 적어가곤 했다. 장래희망과 연계해 그럴듯한 문장을 써가면 친구들의 부러움을 한 몸에 받곤 했다. 나무책상에 날카로운 칼로 좌우명을 새겨놓기도 했는데, 당시에는 그게 멋인 줄 알았다.

그 시절 내 좌우명은 '솔선수범을 하자'였다. 처음에는 솔선수범의 뜻이 뭔지도 제대로 몰랐다. 그저 아버지가 적어주는 대로 좌우명을 삼았다. 초등학교 5학년 반장선거 때 있었던 일이다. 4학년 때 같은 반이었던 친구들이 반장 후보로 나를 추천했다. 나는 아무런 준비도 없이 친구들의 손에 이끌려 단상에 올랐다.

"내가 반장이 된다면……."

순간 말문이 막혔다. 불현 듯 좌우명이 생각났다. '솔선수범, 그래 이거다.'

"솔선수범하는 반장이 되겠습니다. 청소와 궂은일도 마다하지 않겠습니다."

어려운 단어를 사용했기 때문인지 잠시 어리둥절하던 친구들은 이내 박수를 쏟아냈다.

그렇게 나는 5학년 1반 반장이 됐다. 한동안 담임선생님은 나를 부를 때마다 웃으며 "애, 솔선수범!"이라고 불렀다. 친구들도 놀리듯 그렇게 불렀다. 점심시간에 말뚝박기를 하다 교실에 늦게 들어가기라도 하면 친구들은 "솔선수범해야지, 반장이 늦어서 되겠어?"라며 깔깔댔다.

나는 그때마다 괜한 소리를 해 이게 무슨 고생인가 싶었다. 하지만 어느 순간 그 좌우명이 약이 되기 시작했다. 그때까지 나는 "머리는 좋은데 산만하다"는 평을 자주 들었는데 반장이 되고 달라졌다. 좀 더 정확히 말하면 '솔선수범'을 좌우명이라고 밝힌 후부터 달라진 것이다. 나는 은연중에 이전보다 더 조심스럽게 행동했고, 내키지는 않았지만 궂은일에도 나서곤 했다.

한 번 학급 임원을 해보니 학생회 일에 대한 두려움이 사라졌다. 나는 이듬해 6학년 때에도 학급 임원으로 선출됐다. 그리고 중학교와 고등학교에 들어가서도 연달아 임원을 맡게 됐다.

대학 시절 내게 개똥철학을 선물해준 두 사람이 있었다. 첫 번째는 시인 박노해였다. '박해받는 노동자의 해방'의 준말인 그의 이름은 나 같은 운동권 학생들에겐 그 자체로 삶의 지표가 됐다. 1984년에 출간된 그의 첫 시집《노동의 새벽》은 100만 부 가까이 팔렸고, 1987년 6월 항쟁의 승리를 지핀 불꽃으로 사람들의 가슴속에서 타올랐다.

그는 1991년 '사노맹(남한사회주의노동자동맹)' 결성 혐의로 체포돼 무기징역형을 선고받은 뒤 감옥에서 두 권의 시집을 펴냈다. 그리고 1998년 민주화운동유공자로 복권됐지만 그는 국가보상금을 거부했다. 더 이상 과거를 팔아 현재를 살지 않겠다는 의지의 표현이었다.

박노해는 여전히 멋졌다. 그의 시는 나의 철학이 됐고 꿈이 됐으며 노래가 됐다. 얼마나 그의 시에 빠져 있었는지 그의 시에 곡을 입혀 꽤 많은 노래를 작곡하기까지 했다. 그때가 내 인생에서 감수성이 가장 예민한 시기였을 것이다. '새벽별', '아름다운 등불', '별의 시간' 같은 시들은 지금 읽어도 한 구절 한 구절이 가슴을 울린다. 이 중 '새벽별'이란 시에 곡을 입힌 자작곡으로 1998년 연세대 백양로가요제에서 대상을 타기도 했다. 시의 한 구절을 옮기면 이렇다.[5]

새벽별은

가장 먼저 뜨는 찬란한 별이 아니네

가장 나중까지 어둠 속에 남아 있는

바보 같은 바보 같은 별

그래서 진정으로 앞서가는

희망의 별이라네

……

앞이 캄캄한 언 하늘에

시린 첫 마음 빛내며 떨고 있는

바보 같은 바보 같은 사람아

눈물 나게 아름다운 그대

오 새벽별이네!

– 박노해, '새벽별'

박노해의 시 속에는 사람이 있고 사랑이 있다. 그의 시에 담긴 사랑은 드러내지 못해 안달하는 과시적인 사랑이 아니다. 있는 듯 없는 듯 지켜주는 은은한 사랑이다. 가장 마지막까지 남아 울다 지쳐 잠든 이들의 앞길을 밝혀주는 바보 같은 사랑이다. 그리고 대학 시절 나를 지탱해준 사랑이기도 하다.

졸업할 무렵, 나를 뒤흔든 또 한 사람이 있었다. 이탈리아의 정치 이론가 안토니오 그람시였다. 질풍노도와 같았던 나의 20대 중반은 그람시와 동일시하려는 몸부림으로 점철됐다.

대학을 졸업하고 나는 장교로 1사단에 배치를 받았다. 하필이면 왜 최전방인가? 당시 나는 나의 불운을 원망하기도 했다. 나는 최전방 초소 소대장으로 임명받고 집중적으로 북한에 대한 교육을 받았다. 교육을 통해 접한 북한의 참혹한 현실이 좀처럼 믿어지지 않았다. 그때까지도 마르크스 사상과 반미 의식이 남아 있던 내게 그것은 참으로 어려운 일이었다.

그러다 마르크스주의를 버리게 된 뜻밖의 사건이 일어났다. 당시 우리 대대 순찰 지역으로 귀순자 한 명이 넘어왔다. 그는 귀순 의지를 밝히기 위해 옷을 모두 벗은 채로 북측 초소에서 훔친 총 네 자루를 들고 왔다. 물골을 따라 넘어오는 기지를 발휘한 덕분에 그는 지뢰를 피할 수 있었다고 한다.

그에게서 전해들은 북한의 실상은 교육받던 것보다 훨씬 더 참혹했다. 귀순자 스스로 상황을 왜곡해 전달할 수 있다는 점을 감안

하더라도 북한의 인권 현실은 그야말로 참담한 수준이었다. 대학 시절 주사파들의 주장이 얼마나 편협하고 일방적이었는지를 피부로 체감한 사건이었다.

이후 나는 마르크스주의에 대한 깊은 회의에 빠졌다. 모든 것은 경제에 의해 결정된다는 것과 폭력 혁명으로 사회를 뒤바꾸어야 한다는 주장들이 모두 의심스러워졌다. 휴가 때 만난 한 선배는 이런 나를 다독였다. 마르크스주의에 빠졌던 사람들이 한 번은 겪는 일이라며 책 한 권을 권했다. 《그람시의 옥중수고 *Pre-prison*》라는 책이었다. 마르크스주의 이데올로기를 분석, 발전시킨 이론가인 그람시는 파시스트인 무솔리니가 지배하는 독재정권에 항거하다 세상을 떴다.

1900년대 초, 유럽인들은 선진 자본주의 국가가 아니라 농업 국가인 러시아에서 먼저 프롤레타리아 혁명이 일어난 것을 의아해했다. 이에 대해 그람시는 후진 사회에서는 러시아 혁명과 같은 폭력적 계급 혁명, 즉 기동전이 가능하다고 설명했다. 하지만 국가가 대중적 지지 기반 위에 서 있고 정부가 사회에 적극적으로 개입하는 선진 자본주의 국가에서는 이런 기동전이 먹혀들 수 없다고 주장했다.

그는 새롭게 '진지전(war of position)'이라는 개념을 내놓았다. 이는 일종의 정치적 참호전이다. 행정부와 입법부뿐만 아니라 노조와 학계, 언론계, 예술계, 종교계 등 사회의 모든 분야에 진지를 만들고 사회주의 혁명 이념 같은 헤게모니를 확산시키는 것은 물론 자본주의를 부정하는 이념을 퍼뜨려 이데올로기적 주도권을 잡아야 한다는 주장이었다. 여기서 나온 이야기가 바로 그 유명한 다수 혁명론이다.

> 한 사람의 열 걸음보다 열 사람의 한 걸음이 중요하다.
> 소수가 혁명적인 생각을 갖고 있는 것보다
> 다수의 생각을 조금이라도 바꾸는 것이 훨씬 더 혁명적이다.
>
> - 안토니오 그람시

마르크스주의에 빠져 길을 잃은 나는 사회주의적 유토피아 세상에 대한 희망을 버렸다. 성악설에 따르면 그런 세상은 애당초 존재하기 힘들었던 것이다. 대신 어떻게 살아가야 하는지에 대한 물음이 커졌다. 사회주의에 대한 이상향은 머릿속에 더 이상 남아 있지 않았다. 하지만 그람시가 말한 '열 사람의 한 걸음'이 중요한 세상에 대한 동경은 더욱 커졌다. 그리고 함께 가야 멀리 갈 수 있다는 열망이 생기기 시작했다.

최전방의 좋은 점은 전방을 감시하는 임무가 대부분이다 보니 고요한 DMZ를 바라보며 매일 나를 돌아보는 시간을 가질 수 있다는 것이다. 그때 나는 짧지만 강렬했던 나의 대학 시절을 돌아봤다. 그리고《그람시의 옥중수고》를 읽고 난 뒤 나의 진로를 정했다.

그람시가 대학 시절 이른바 운동권 활동을 하다 사회변혁을 위해 언론사 기자가 된 것처럼 나도 기자가 되기로 마음먹었다. 젊은 나이에 사회변혁가로 활동할 수 있는 거의 유일한 일이 기자였다. 그때 나는 말과 글로 세상을 바꿀 수 있다고 믿었다.

"한 사람의 열 걸음보다 열 사람의 한 걸음이 중요하다."

나의 20대 중반을 관통한 개똥철학을 갖게 된 것도 이 무렵이었다. 나는 그런 사회를 만들겠노라며 군대에서 틈틈이 언론사 시험 준비를 했다. 마음속에 철학이 자리하자 목표가 분명해졌다. 열정이 생기고 꿈도 커졌다. 지겨웠던 학과 공부와 달리 언론사 시험 준비는 매우 신났다. 낮은 학점과 무(無) 자격증은 문제되지 않았다.

시험 준비를 하는 과정에서 그람시의 또 다른 명언이 내게 큰 힘이 됐다.

"이성으로 비관하되 의지로 낙관하라."

이성적으로 친구들은 내가 기자가 되기 힘들 거라고 했다. 이유는 낮은 스펙 때문이었다. 이른바 잘나가는 언론 고시생들 사이에서 나 같은 운동권 출신의 군바리는 명함조차 내밀지 못할 거라고도 했다.

그때마다 나는 속으로 웃었다. 그리고 내가 그들과 다른 게 분명 있다고 생각했다. 왜 기자가 되고 싶은지에 대한 목표의식이 확고하다면 분명 내가 쓰임을 받을 곳이 있을 거라 확신했다. 격동의 대학 시절과 침묵의 군 생활, 냉온탕을 오가듯 상반된 삶을 통해 나는 충분히 담금질됐다. 결국 나는 내 생각대로 언론사 시험에 합격해 기자의 길을 걷게 됐다.

철학은 나를
돌아보는 습관

이탈리아의 세계적인 지휘자 아르투로 토스카니니(Arturo Toscanini)는 원래 첼리스트였다. 시력이 매우 나빴던 그는 연주 중에 악보를 제대로 볼 수가 없었다. 그런데도 연주를 포기할 수 없었던 그는 그때부터 악보를 외우기 시작했다. 오케스트라의 특성상 자신의 부분만 외워서는 협연이 불가능하므로 모든 파트의 악보를 통째로 외우는 버릇을 들였다.

1886년 6월 30일, 토스카니니가 첼리스트로 있던 오케스트라가 로시 오페라단과 브라질 리우데자네이루에서 오페라 〈아이다〉를 공연하게 됐다. 당시 악단과 지휘자는 대립하고 있었고, 오페라단 가수들은 파업을 선언했다. 설상가상으로 현지에서 섭외한 지휘자마저 악단과 다투고 떠나버렸다.

다급해진 단원들은 평소 모든 파트의 악보를 외우고 있었던 토스카니니에게 지휘를 맡겼다. 토스카니니는 갑작스러운 제안에 당황했지만 이내 마음을 다잡고 지휘봉을 들었다. 1막이 끝나고 청중

들 사이에서 기립박수가 터져 나왔다. 세계적인 지휘자의 데뷔 무대는 이처럼 극적으로 이뤄졌다. 자신의 약점을 겸허하게 받아들이고 최선을 다하면 욕심을 비운 자리에 새로운 기적이 채워진다.

훗날 토스카니니는 회고록을 통해 이렇게 고백했다.

"좋은 환경이 아니라고, 약점이 있다고 해서 불평하지 말라. 좋은 환경이 반드시 좋은 결과를 가져오는 것은 아니다. 아담은 에덴동산 같은 좋은 환경에서도 타락하지 않았는가. 눈물에 대해서도 감사하자. 눈물 어린 눈으로 바라볼 때, 좀 더 분명하게 하나님이 보인다."

처음 만나는 사람들이 내게 자주 묻는 말이 있다.

"목소리가 잠기셨네요. 감기 걸리셨나요?"

나는 성대가 약한 편이다. 일정에 무리가 있으면 어김없이 다음날 목소리가 잠긴다. 허스키한 목소리는 나의 가장 큰 콤플렉스다. 물론 성대가 상한 이유가 있다. 중고등학교 시절 학급 임원으로 활동하면서 소리 지르는 일이 잦았다.

대학 입학 후에도 학생회와 노래패 활동을 하면서 마이크 없이 연설과 노래를 하기 일쑤였다. 주말에는 교회 성가대와 찬양대, 소년부 성가대 지휘자로 활동하면서 하루 종일 성대를 혹사했다. 군 생활 동안에도 장교로 복무한 덕분에 훈련을 지휘하며 목을 사용하는 일이 잦았다.

첫 직장은 케이블 방송국이었다. 방송에 출연할 일이 많았는데 그때마다 허스키한 목소리 때문에 위축되곤 했다. 극심한 스트레스에 시달리다 성대를 전문으로 고치는 병원에도 찾아갔다. 의사는 대뜸 수술을 권했다.

"성대 상태가 심각해요. 결절이 너무 오랫동안 방치돼 구증으로 굳어졌습니다. 쉽게 말해 성대에 굳은살이 오래돼 혹처럼 형성된 거죠."

나는 혹을 제거하면 발성하는 것도 편해지고 한결 목소리도 부드러워진다는 의사의 말을 믿고 수술을 받았다. 하지만 목소리는 좀처럼 나아지지 않았다. 오히려 전보다 가래가 자주 끼고 목소리도 더 탁해진 듯했다. 나는 덜컥 겁이 났다. 그 길로 바로 대형 병원을 찾아갔더니 의사가 수술을 왜 했냐며 나무랐다. 성대는 약한 조직이라 함부로 건드려서는 안 된다는 것이었다. 나는 재활 치료를 받았고 이후 3주간 성대를 사용할 수 없었다.

이런 일을 겪으며 나는 좀처럼 불안감에서 헤어나올 수 없었다. 분노와 허탈감, 그리고 몸을 돌보지 못했다는 자책감으로 우울증까지 생겼다. 나는 교회 친구의 조언으로 강원도의 예수원이란 기도원을 찾아갔다. 그곳에는 묵언수행을 하는 사람들이 많다고 했다. 실제로 가보니 사람들은 꼭 필요한 말만 할 뿐 대부분 말없이 기도에 집중했다.

나는 그곳에서 일주일가량 지내며 스스로를 돌아봤다. 처음엔 하늘을 원망하기도 했다. 며칠이 지났을까? 나는 말을 하지 않고 살아가는 생활에 조금씩 익숙해졌다. 주변의 소음과 불필요한 말 때문에 우리는 얼마나 많은 상처를 주고받으며 살고 있는가.

그제야 나는 스스로를 돌아볼 수 있었다. 나의 세 치 혀로 얼마나 많은 사람에게 상처를 주었는가. 나는 어려서부터 학급 임원 등을 하면서 남에게 지시하고 다른 사람을 재단하는 말들을 쉽게 뱉어왔다. 짜증과 증오, 험담과 모략의 말들은 또 얼마나 쏟아냈는지, 부끄러워 견딜 수가 없었다. 저절로 입에서 기도가 터져 나왔다.

"내 입에 파수꾼을 세우시고 내 입술의 문을 지키소서."

나는 맑은 목소리를 잃었지만 대신 경청하는 귀를 얻었다. 목소리에 대해 자신감이 떨어지니 자연스레 말수가 줄었다. 남 앞에 나서서 내 주장을 관철시키려고 떠들고 강변하던 습관은 조금씩 사라졌다. 말수가 줄어드니 스스로를 돌아볼 수 있는 반성의 시간이 늘었다. 남의 말을 끝까지 듣고 대답하는 습관도 생겼다. 이후로 이유 없이 나를 싫어하던 사람들이 줄어들었고, 깊이 있는 교제와 관계가 형성되기 시작했다.

경청과 반성은 신뢰를 낳았고, 신뢰는 다시 사람을 엮어주었다. 사람이 재산인 기자에겐 가장 큰 선물이었다. 자칫 성급하고 경솔하기 쉬운 청년 시절에 익힌 반성의 습관은 내게 많은 것을 바꿔놓았다.

철학은 자신이 안다고 확신하는 것에 대한 반성이다. 소크라테스는 청년들에게 질문하는 걸 좋아했다. 그는 청년이 자신만만하게 알고 있다고 생각하는 의견에 어떤 논리적 결함이 있는지를 드러내어 무지를 고백하게 만들었다. 그렇지 않으면 청년의 의견 속에 숨겨진 진리를 스스로 드러내도록 유도했다.

소크라테스는 이런 문답식 교육법을 산파술(産婆術)이라 불렀다. 그는 자신이 하는 일을 아이를 낳는 것을 돕는 산파의 일에 비유하곤 했다.

"내 산파술의 요지는 젊은이의 마음에서 나오는 생각이 가짜 인형인지 진짜 귀족의 아기인지를 철저하게 분간해내는 데 있네. 보통의 산파들과 마찬가지로 나도 불임일세. 그리하여 흔히 사람들이 나에 대해 비난조로 하는 말, 즉 나는 다른 사람에게 질문만 할 뿐 답을 알지 못한다는 말은 전적으로 옳은 말이네. 나는 지혜도 없고 내가 창안한 것이라든지 내 영혼의 소산도 없네. 다만 나와 이야기를 하는 사람들은 이득을 본다네."

소크라테스는 자신을 돌아보고 무지를 인정하는 단계를 '철학'이라고 비유적으로 말했다. 그리고 "나는 한 가지밖에는 아는 것이 없다. 그 한 가지는 바로 내가 아무것도 모른다는 사실일 뿐"이라고 공언했다. 아울러 그는 일상의 문제, 사회, 정치를 반성했다.

그로부터 2400여 년이 지난 지금의 세계는 소크라테스가 살았던 시대와 비교하면 말할 수 없이 복잡해졌다. 반성의 소재가 되는 인문·사회·과학·기술의 지식도 풍부해졌다. 철학은 이런 풍성한 재료를 이해하고 사회 모순을 해결하는 데 중요한 역할을 한다. 새로운 문명의 모델을 연구하기도 하고 사회 현상이 발생하게 한 사고

방식의 경향도 분석한다. 이를 통해 동시대의 정신과 관념을 진보시키고, 사회적 실존을 분석하고 치료하는 의사의 역할을 담당한다. 철학은 나를 돌아보는 습관이며 옳은 길을 알려주는 길잡이라 할 수 있다.

'움'의 법칙
돌아보고 계획하라

나는 어려서부터 하루의 정리를 기도로 마무리하곤 했다. 초등학교 시절 주일학교 선생님이 가르쳐준 기도법을 따라 하는 버릇이 생기고부터 시작된 일이다. 선생님은 기도조차 할 줄 몰랐던 어린 내게 다섯손가락 기도법을 알려줬다.

"기도는 아주 쉬운 거란다. 손가락을 펴볼래? 우선 엄지는 최고를 뜻하지? 하나님과 부모님께 감사의 기도를 드린다. 집게손가락은 남을 욕하거나 지적할 때 주로 쓰지? 그 손가락을 자신에게 향해보렴. 자신이 잘못한 일들을 떠올리는 거란다. 가운뎃손가락은 가장 길지? 가장 많은 시간을 할애해 남들을 위해 기도해보렴. 약지손가락은 힘이 없지? 스스로의 약함, 바람들을 놓고 기도해보자. 마지막으로 약속을 의미하는 새끼손가락, 오늘 하루도 올바르게 살겠다고 스스로에게 약속해보자."

신앙의 거장들은 기도보다 앞서지 말라고 말한다. 바쁠수록 차분하게 스스로를 돌아보는 기도의 시간을 가지라고 조언한다. 신앙인으로서 내가 가장 좋아하는 것은 하루에 한 번은 나를 돌아보는 기도의 시간을 갖고 있다는 사실이다.

요즘 사람들은 참 바쁘게 산다. 누구를 만나 어떤 얘기를 했고 무엇을 약속했는지 돌아보지 않으면 뒤죽박죽 헷갈릴 때가 많다. 그러면서 인간관계가 뒤엉키게 되고 누군가에게 상처를 주곤 한다. 하루에 잠깐이라도 짬을 내 스스로를 돌아보는 시간을 갖는 것은 내일을 준비하는 좋은 습관이다.

다섯손가락 기도법이 익숙지 않다면 명상으로 하루를 정리하는 건 어떨까? 내가 평소 즐겨하는 '5색 움 명상법'을 추천한다. 나는 '움(U:m)'이라는 단어를 좋아한다. 한글로는 새싹을 뜻하고, 영어로는 womb(자궁, 모태)을 의미한다. 한글의 동사형 어미로 '채움, 피움, 비움, 배움, 도움, 돋움, 틔움, 다움' 등 다양하게 쓰인다.

5색 움 명상법은 15년 넘게 국선도의 단전호흡을 연마하신 부모님의 기순환법을 적용해 내가 고안한 명상법이다. 구체적인 방법은 다음 표와 같다. 매일 15분가량 이 명상법을 실천한다면 스트레스를 해소하고 자신을 돌아보는 시간을 가질 수 있다. 5색 움 명상법은 가능하면 밤에 잠자기 전이나 아침에 일어난 직후에 하는 것이 좋다.

<h1 style="text-align:center">5색 움 명상법</h1>

단계	시간	움의 법칙	실행 방법
1	5분	비움	• 복잡한 생각을 비우기 위해 우선 몸을 이완시켜 편안한 상태를 유지한다. • 가벼운 스트레칭으로 몸의 긴장을 완화하고 뭉친 근육 부위를 마사지한다. • 손바닥을 마찰한 뒤 눈 부위를 가볍게 눌러주며 피로를 풀어준다. • 가부좌를 틀고 가장 편안한 자세로 눈을 감는다. • 1분가량 단전을 통한 복식호흡으로 몸의 기를 순환시킨다.
2	2분	배움	• 하루 동안 나에게 주어진 과업들을 통해 나의 잘못을 되돌아본다. • 이를 통해 무엇을 배웠는지, 또 나의 삶에 어떠한 영향을 끼쳤는지 곱씹어본다.
3	2분	도움	• 나를 도왔던 사람 또는 나의 도움이 필요한 사람들을 떠올려본다. • 그들의 필요와 요구들을 상기하면서 그들을 위해 기도한다.
4	2분	채움	• 기쁘고 행복한 일들을 떠올리며 머릿속을 환하게 채워본다. • 매사에 감사하며 하나하나 복으로 여긴다.
5	2분	피움	• 내일(또는 오늘)의 하루 일과를 생각해본다. • 나와 이웃을 위해 무슨 일을 할지 계획한다.
정리	2분	메모	• 명상을 통해 깨달은 것이 있다면 적어본다. • 감사한 내용들을 나열한다. • 내일(또는 오늘) 중요 일정들을 우선순위별로 정리한다.

국경 없는 전쟁
기회를 찾아나서라

대통령직인수위원회에서 만난 인연들 가운데 가장 인상적인 분은 창조경제의 설계자인 윤종록 미래창조과학부 제2차관이다. 인수위 교육과학분과에서 전문위원으로 일했던 윤 차관은 내가 속했던 청년특위 사무실과 같은 층에서 근무했다. 각자의 업무가 바빠 복도에서 마주칠 때마다 인사만 주고받았는데, 인수위 활동이 막바지에 접어들 무렵 그와 얘기를 나눌 기회가 생겼다. 조촐한 다과회가 마련됐다. 《창업 국가》라는 책의 저자로 잘 알려진 터라 다른 분과위원들도 그와의 대화를 즐겼다.

잠시 짬이 나서 나도 청년 일자리에 관한 조언을 구했다. 윤 차관은 기다렸다는 듯이 청년 역할론을 강조했다.

"인수위원으로 두 달간 활동하면서 창조경제에 대해 좀 더 깊이

윤종록
미래창조과학부 제2차관

연구하고 생각하게 됐어요. 창조경제의 주역은 바로 청년들입니다. 이들이 우물 안 개구리로 머무를 것이 아니라 세계무대를 바라보고 뛰어야 해요."

기술고시 출신으로 옛 체신부에 근무하다 1983년 한국통신으로 옮긴 윤 차관은 부사장으로 일하던 2006년 당시 에후드 올메르트 (Ehud Olmert) 부총리의 초청으로 이스라엘을 방문하면서 큰 충격을 받았다.

세계 인구의 0.2퍼센트에 불과한 인구로 노벨상 수상자의 22퍼센트를 배출하고, 세계 원자력 안전 기술을 장악하고 있는 이스라엘. 해수 담수화 기술 특허를 독점하고, 인터넷 보안 기술을 석권하며, 세계 지식경제를 주도하고 있는 이 나라를 거울삼아 대한민국이 재도약하길 윤 차관은 누구보다 간절히 염원했다.

그는 이스라엘 창조정신의 근간에는 '후츠파(chutzpah: 뻔뻔함, 당돌함, 도전, 놀라운 용기, 창의성) 정신'이 있다고 강조했다.

"이스라엘 사람들은 어려서부터 남에게 서슴없이 질문하고 논쟁하는 후츠파 정신이 몸에 배어 있어요. 토론은 아이디어를 생산하고 질문은 아이디어를 교환하는 훌륭한 수단입니다. 끊임없이 상상하고 질문하며 토론하는 문화에서 새로운 아이디어가 창조될 수 있어요. 우리 청년들에게 이런 문화가 접목된다면 엄청난 폭발력이 있을 겁니다."

윤 차관은 논리정연하면서도 열정적이었다. 그는 청년이 변하지 않으면 창조경제도 없다고 강조했다. 혼자 듣고 있기엔 너무나 아까운 이야기였다. 일주일 뒤, 청년특위 관계자들을 모두 모아놓고 점심시간을 이용해 윤 차관의 창조경제론 강의를 들었다.

그는 유대인을 압도할 수 있는 머리를 가진 이들은 지구상에서 한민족뿐이라고 자신했다.

"인구 750만 명이자 충남과 충북을 합쳐놓은 크기밖에 안 되는 이스라엘이지만 '창업 국가'로 불릴 만큼 벤처가 강한 나라입니다. 벤처캐피털에 20조 원이 굴러다니고 있어요. 이 나라에서는 아이디어만 있으면 누구나 창업을 하려고 덤빕니다. 청년들이 연구개발이 끝나면 단순히 거기에 만족하지 않고 그 결과물을 지구 반대편에까지 팔아 수익을 창출하고 있어요. 하지만 우리나라의 젊은 인재들은 언어 장벽 때문인지 해외에 진출하려 해도 어려움을 겪는 경우가 많아요. 정부가 청년들의 해외 진출을 돕는 '원스톱 지원 창구'를 만들어줘야 합니다."

윤 차관은 우리나라가 이스라엘 못지않은 창업 국가가 되는 길은 소프트웨어에 있다고 말했다. 언어와 국경의 장벽이 없는 이런 시장이야말로 대한민국의 미래 먹을거리가 달려 있는 곳이라고 강조했다.

"물리적인 영토와 자원이 부족한 우리나라는 국경이 없는 소프트웨어 영토를 개척해야 합니다. 소프트웨어는 21세기 언어입니다. 세계 공통어가 영어라 하는데, 21세기에는 또 하나의 세계 공통어로 소프트웨어가 활약하고 있어요. 우리 청년들은 소프트웨어 파워를 지니고 세계를 공략해야 합니다. 대학 교육뿐 아니라 아주 어릴

때부터 정보통신기술(ICT) 교육이 선행되어야 하죠. 이런 차원에서 이공계 기피 현상은 심각한 문제입니다. 지금 세계경제를 움직이는 것은 모두 ICT가 중심이에요. 어려서부터 소프트웨어를 접하고 소프트웨어와 함께 놀며 개발하는 환경을 조성해주면 자연스럽게 소프트웨어 파워가 육성될 겁니다."

윤 차관은 인터넷과 모바일 시장에 청년들이 과감하게 뛰어들어야 한다고 강조했다. 우리나라 인터넷이 미국에 비해 400배 빠른데, 이것은 디지털 토양이 미국보다 400배 기름지다는 의미라며 우수한 디지털 인프라를 활용한 창업을 꿈꿔달라고 당부했다.

"인터넷도 아직 무궁무진한 미개척 영토가 많습니다. 인터넷산업은 혁신적인 중소벤처의 발굴과 성장에 적합한 소자본, 아이디어 중심의 창의산업이에요. 유통 등 사회적 비용을 줄이고 우리 경제 전반의 생산성을 높일 수 있어 창조경제 실현에 적합한 분야입니다."

윤 차관은 끝으로 이스라엘 후츠파 정신의 7대 요소로 평등한 의사소통, 질문 권리, 분야 간 융합, 위험 감수, 미션 수행 노력, 끈질김, 실패로부터 얻는 교훈을 꼽았다. 미래를 창조하는 청년이라면 반드시 곱씹어봐야 할, 그리고 갖춰야 할 필수적인 역량과 자세가 아닐까 싶다.

구글코리아를 넘어
구글 본사를 탐하라

오랫동안 세계를 지배했던 유럽인들이 일반적으로 사용하고 있는 지도에는 대한민국이 가장 우측에 그려져 있다. 그들이 볼 때 우리나라는 동쪽 끝의 작은 나라다. 전 세계 표준시를 알리는 영국의 그리니치 천문대를 기준으로 봐도 한국은 극동에 속한다. 예로부터 '동방예의지국', '동방의 조용한 아침의 나라'로 불린 이유가 여기에 있다.

다음의 지도를 회사 동료 열 명에게 보여주고 즉각적인 느낌을 물었다.[6] 아홉 명이 "지도가 거꾸로 됐다"고 답했다. 한 명만이 "오세아니아 국가에서 그린 세계지도가 아니냐"고 물었다. 사실 호주에선 이런 지도를 흔히 볼 수 있다. 지구는 둥글다. 게다가 쉴 새 없

사이버 외교사절단 반크가 배포한 '거꾸로 보는 세계지도'

이 돌고 있다. 당연히 위와 아래가 따로 없다. 좌우도 지역과 시간에 따라 상대적이다. 무한대의 우주에 떠 있는 지구에서 동서남북은 사실상 아무런 의미가 없다.

그럼에도 불구하고 대다수의 사람들이 이 지도를 보고 거꾸로 됐다고 말하는 이유는 무엇일까? 서구 중심의 굳어진 사고방식 때문일 것이다. 우리가 보는 일상적인 지도대로라면 우리나라는 섬이나 마찬가지다. 거대한 대륙의 끝에 붙어 있는 작은 반도국가인 것이다. 그나마 반으로 갈려져 대륙으로 직접 뻗어나갈 수도 없는 소국이다. 외세의 침략 이유를 이 같은 지정학적 위치에서 찾으며 운명론을 슬쩍 꺼내놓는 사람들도 있다.

　그러나 앞으로는 생각을 달리할 필요가 있다. 발상의 전환이란 말은 이럴 때 필요하다. 앞의 지도에서 우리나라의 위치를 다시 한 번 살펴보자. 대한민국은 더 이상 대륙에 붙어 있는 반도국가가 아니다. 대륙에서 해양으로 돌출되어 있는 첨단(尖端) 국가다. 세계 어디라도 쉽게 뻗어나갈 수 있는 최적의 위치에 자리한 나라인 것이다.

　게다가 대양으로부터 발생하는 해일이나 지진의 위협도 일본의 섬들이 막아주고 있어 안전하기까지 하다. 가장 넓은 대륙(유라시아)에서 가장 큰 바다(태평양)로 통하는 중심 길목에 위치한 반도국가인 것이다. 자원이 부족한데다 분단 상황까지 더해진 우리나라가 생존하는 비결이 이 지도 속에 담겨 있다. 열려 있는 바닷길을 통해 경제 영토를 5대양 6대주로 펼쳐나가는 것이다.

　전 세계 경제 영토에는 국경선이 점차 지워지고 있다. 자유무역협정(FTA)을 얘기하는 것이 아니다. 인터넷과 모바일의 발달로 국경 없는 ICT산업이 시가총액의 상위권을 휩쓸고 있다. 그리고 국내 기업과 해외 기업의 경계도 사라지는 중이다.

　대표적인 사례로 삼성전자를 들 수 있다. 삼성전자는 이제 한국 기업이라고 말하기 힘들다. 외국인 지분율이 절반에 달하고, 42만 명의 임직원 중 20만 명이 해외 인력이다. 삼성전자는 영업 지역을 더 이상 국내와 해외로 나누지 않는다. 그들은 전 세계를 여덟 개

권역으로 나눠 사업을 전개하고 있다. 한국은 그중 한 개의 권역에 속해 있을 뿐이다.

해외에서는 같은 삼성그룹 식구라고 해서 봐주는 일도 드물다. 실제로 국내 1위의 광고업체이자 삼성그룹 계열사인 제일기획은 세계 최대 광고 시장인 미국에서 지금까지 한 번도 삼성전자의 광고를 수주하지 못했다. 삼성전자 미국법인의 광고 담당자는 외국인이다. 세계 최고를 추구하는 삼성전자는 세계 최고 수준의 광고회사들을 상대로 공정하게 경쟁 입찰을 붙이고 있기 때문이다.

해외 기업들도 오래전부터 자사의 이익을 위해 국경을 지워왔다. 전 세계 청년들이 가장 일하고 싶어 하는 구글도 아시아의 우수 인력을 채용하고 사업 아이디어를 확보하기 위해 다양한 프로젝트를 진행하고 있다. 2012년에 뉴욕과 런던에 이어 서울에 세 번째 창업센터인 스타트업 센터를 설립한 것이 대표적인 예다.

구글 본사는 '코리아 고 글로벌(Korea Go Global)'이란 프로젝트로 우수한 스타트업을 선정해 개발비, 멘토링 서비스, 글로벌 벤처투자가와의 연결 기회 등을 제공하고 있다. 한국의 우수한 창업가들을 미국 실리콘밸리로 초청해 소개하는 '코리아 스타트업 데이'도 열었다. 그리고 비영리 창업 지원단체인 K스타트업과 손잡고 우수한 한국인 앱 개발자를 발굴하는 일을 계속하고 있다.

구글 본사에는 한국인 직원들이 많다. 이미 임원도 배출됐다. 인사를 맡고 있는 황성연 상무가 그중 하나다. 그는 2008년 구글 미국 본사가 전 세계 2만 명의 구글 직원을 상대로 실시한 조사에서 '가장 구글다운 사람'으로 뽑히기도 했다. 2011년에는 이원진 전 구글코리아 대표가 구글 본사 부사장으로 승진했다. 구글 본사에서 한국 국적자가 부사장에 오른 것은 처음 있는 일이었다.

이 밖에 정기현 SK플래닛 최고제품책임자(CPO)도 최초의 한국인 구글 본사 직원으로 유명세를 떨친 바 있다. 이들은 "구글코리아와 같은 국내 외국계 기업에 취업할 실력이면 해외 본사를 직접 두드려볼 만하다"고 입을 모은다. 하지만 국내 취업 준비생들은 마음속에 그어놓은 국경선이 너무 짙어 해외로 경제 영토를 넓히는 데 소극적인 편이다. 한국 사람은 한국에서 일해야 한다는 편견을 한시바삐 벗어던져야 미래가 있다.

인류의 역사는 전쟁의 역사라 해도 과언이 아니다. 빼앗은 나라는 강성해지고 빼앗긴 나라는 쇠퇴하며 와신상담했다. 역사는 반복된다. 비록 총칼을 겨누지 않아도 자원과 영토를 놓고 벌이는 쟁탈전은 지금도 뜨겁게 전개되고 있다. 최근 '소리 없는 총성'이 가장 크게 울리고 있는 곳은 아프리카다. 무궁무진한 자원과 인력시장을 놓고 주요 3국인 미국과 중국, 일본이 맞붙었다. 특히 중국과 일본은 제2의 중일전쟁이라는 표현이 나올 정도로 치열한 금권외교를 펼치고 있다.

1990년대까지만 해도 아프리카는 오랜 내전과 가난으로 투자가들이 기피하던 지역이었다. 하지만 2000년대 들어 정치가 안정되면서 최근 5년간 신규 유전의 33퍼센트가 이 지역에서 발굴되는 등 중동의 대체 지역으로 부상하고 있다.

실제로 아프리카 대륙 동남쪽 연안 국가인 모잠비크에서 최근 대규모 가스전이 발견됐는데, 전체 추정 매장량이 35억 톤에 달한다고 한다. 이는 우리나라가 무려 100년 동안 쓸 수 있는 양에 해당한다. 세계 최고의 다이아몬드 생산국인 콩고민주공화국을 비롯해 남아프리카공화국의 우라늄, 나이지리아와 앙골라의 원유, 마다가스카르의 천연가스 등 아프리카는 세계적인 광물 생산지이기도 하다.

중국은 이런 아프리카 공략에 가장 적극적인 나라다. 이미 지난 2009년 미국을 제치고 아프리카의 최대 무역국 자리를 꿰찼다. 후발주자인 일본의 구애도 만만치 않다. 아프리카개발회의(TICAD)를 아예 자국에서 유치하는가 하면, 아베 총리는 '아베 이니셔티브'란 이름으로 아프리카인 3만 명을 일본 기업에 취업시키는 계획도 발표했다.

이런 와중에 미국은 대놓고 위기감을 드러냈다. 2013년 들어 오바마 미국 대통령은 아프리카 4개국 정상을 백악관으로 초청해 정상회담을 갖고 민주주의 지원과 무역 확대 방안을 논의했다. 세네갈 등 아프리카 3개국 순방에도 나섰다. 이처럼 빅3 국가가 자원 경쟁을 넘어 외교적 패권 경쟁을 벌이자, 아프리카에 대한 신식민지화를 우려하는 목소리까지 나오고 있다.

이들 주요 3국에 비해 우리나라의 교역 규모는 초라한 수준이다. 2012년 아프리카 무역액은 144억 달러로, 전체 무역액 대비 1.3퍼센트 수준에 그쳤다. 같은 해 중국(1,799억 달러)과 미국(896억 달러), 인도(639억 달러), 일본(307억 달러)에 비해서도 크게 뒤처진다. 경제 영토의 국경이 사라져 가고 지구 반대편에서 격전이 벌어지고 있는데, 링 위에 제대로 오르지 않는 것은 미래 세대를 위해 부여받은 직무를 유기하는 것이나 다름없다.

캄보디아의
한국인 청년 영웅 콴욱

아프리카뿐만이 아니다. 동남아시아나 중동은 물론 남미와 동유럽의 저개발국가들도 기회의 땅으로 우리 앞에 놓여 있다. 그렇다면 기술도 자본도 변변치 않은 우리 청년들이 어떻게 이들 땅에 소망을 품고 첫발을 내디딜 수 있을까? 청년위원회 설립추진단에서 만난 한 청년의 이야기를 통해 미지의 땅에 도전하는 노하우를 전하려 한다.

캄보디아의 수도 프놈펜에서 동북 방향으로 차를 타고 80킬로미터를 달리면 바테이의 트라페앙스나오 마을이 나온다. 1970년대 한국의 농촌 풍경과 비슷한 이곳엔 빈곤층 주민 1,200명이 살고 있다.

이 마을 주민들의 마음속에는 '한국인 청년 영웅 콴욱'의 흔적이

역력하다. 전기와 상하수도 시설도 없는 이곳에 수로를 만들고 우물 66개를 뚫은 슈퍼맨. 백내장 개안수술을 도와 다섯 명의 눈을 밝혀주고 초등학생 700여 명에게 예방접종을 실시해 풍토병을 퇴치해준 코리안 슈바이처. 편모 가정 아이들에게 집을 지어주고 공부방에서 영어를 가르쳐준 선생님. 서른 살의 한 한국인 청년이 자신이 머무는 마을을 바꾸기 위해 2년 반 동안 고군분투하며 이룬 업적은 실로 놀라웠다.

포항 한동대에서 경제학을 공부한 김광욱 씨는 학창 시절 두 가지에 관심이 많았다. 해외에서 자신의 능력을 펼치는 것과 봉사 활동이 그것이었다. 자연스레 관련 동아리에 들어갔고 영어 공부도 틈틈이 했다. 국제관계학을 복수 전공하기도 했다. 크리스천인 그는 특히 약자들을 돌보는 일에서 큰 보람을 느꼈다. 인생의 10분의 1을 온전히 약자를 위해 살겠노라고 스스로에게 약속했다.

그 역시 다양한 경험과 스펙을 쌓았지만 여느 대학생들처럼 기회는 쉽게 오지 않았다. 꾸준히 기회를 찾던 그는 자신이 가장 잘하고 보람을 느끼는 일을 택했다. 해외 봉사 활동을 통해 현지를 체험해보기로 한 것이다. 20대가 가기 전에 인생의 십일조를 봉사하며 보내겠다는 약속도 지킬 수 있는 길이었다. 그는 한국국제협력단(KOICA, 코이카) 인턴에 도전했고 교육을 받을 기회를 얻었다. 결국 스물여덟 살 되던 2009년 4월 지역사회 개발 분야 봉사단원으로 캄보디아로 파견됐다.

예상대로 주민들과 친해지기는 쉽지 않았다. 특히 크메르루즈 정권이 200만 명을 고문하고 죽인 킬링필드를 체험한 마을 주민들은 외지인을 경계했고 공동체 의식도 없었다. 며칠을 고민하다 우연히 마을 아이들의 피 묻은 발바닥을 보게 됐다. 흙길을 맨발로 걸어다닌 탓에 발에 상처들이 난 것이었다. 김 씨는 그때부터 6개월간 구급약 가방을 둘러메고 다니면서 아이들의 발바닥을 열심히 소독해주었다. 응급처치로 치료가 힘든 상처는 사진을 찍어 서울의 의사에게 묻는 식으로 치료했다.

김 씨의 진심을 알게 된 주민들은 점차 마음을 열었다. 그리고 주민들은 식수 문제가 가장 큰 고민이라고 털어놨다. 김 씨는 우선 우물을 파기로 했다. 우물 하나에 10가구가 사용하는 것으로 해서 250여 가구를 묶어 24개 작은 공동체를 만들었다. 협업에 익숙지 않은 주민들을 설득해 관리자를 선정하고 굴착에서부터 식수 검사까지 모든 일을 주민들이 자발적으로 하게 했다.

"상처가 큰 주민들이 서로에게 마음을 열게 하는 일이 가장 어려웠어요. 서로 돕는 게 결국 살 길이란 걸 조금씩 알게 되면서 주민들이 나서기 시작했죠. 우물 파기를 통해 공동체 의식을 회복한 게 가장 큰 보람이었어요."

식수 문제를 해결하고 수로를 정리하고 나니 기적 같은 일이 생겼다. 일모작만 했던 주민들이 이모작까지 가능하게 된 것이다. 남은 쌀을 내다팔아 주민들은 가외소득도 올렸다. 이 마을 이장 심숏

코이카의 김광욱 씨가 캄보디아 바테이 트라페앙스나오 마을에서 주민들과 우물을 파고 있다.

씨는 이렇게 말했다.

"콴욱이 오기 전 우리는 한국이란 나라를 잘 몰랐다. 하지만 이제 한국은 우리를 치유해주고 잘살게 해준 고마운 나라다."

일단 부딪혀보자는 심정으로 홀연히 떠난 봉사 활동은 그에게도 엄청난 기회가 되어 돌아왔다. 가난한 한 마을에 희망을 심어준 그에게 캄보디아 정부는 외국인에게 주는 최고 훈장 중 하나인 '캄보디아 국가재건훈장 금장'을 수여했다. 그는 귀국한 뒤 코이카의 정식 직원이 된 것은 물론 캄보디아 현지 전문가로 인정받아 여기저기서 찾는 곳이 많아졌다.

캄보디아는 경제적 자유도와 경제성장률, 풍부한 노동력과 자원 때문에 신흥시장 가운데 가장 유망한 시장으로 꼽힌다. 하지만 현지어에 능통하고 그곳 사정을 잘 아는 전문가가 매우 부족한 실정이다.

그 때문에도 김 씨에게는 기회가 많을 수밖에 없다. 그는 제18대 대통령 취임식에 100명의 국민대표로 선정되어 초청을 받기도 했다. 그리고 가능성과 잠재력을 인정받아 청년위원회의 위원으로도 발탁됐다.

이런 축복들은 그가 일찌감치 해외로 눈을 돌렸기에 가능한 보상들임에 분명하다. 그는 자신과 같은 경험을 가진 청년들이 현지에 정착해 창업과 취업에 성공할 수 있는 토대를 만들어주고 싶어 한다.

"코이카를 통해 저개발국가에 파견 나가 있는 대한민국의 청년들은 2,000여 명이 넘습니다. 각종 NGO와 종교단체에서 파견한 숫자까지 합치면 수만 명에 달합니다. 아쉬운 점은 이들이 현지에서 좋은 사업 아이디어와 사회적 기업 모델 등을 많이 개발하고 있지만 현실화하기에는 지원이 부족하다는 겁니다. 해외 공관과 코트라(KOTRA, 대한무역진흥공사) 같은 기관 등과 효율적으로 협업한다면 기회는 무궁무진해요. 청년 현지 전문가들의 해외 진출은 크게 증가할 것입니다."

관심과 소명의식, 그리고 도전정신이 있다면 누구에게나 기회의 문은 열려 있다. 한국은 세계에서 열여덟 번째로 공적개발원조(ODA)를 많이 하는 나라다. 2011년 기준으로 13억 2,000달러를 ODA에 사용하고 있다. 하지만 국민소득 대비 ODA 비율이 0.12퍼센트로, 해외 원조를 하는 선진 국가들의 평균인 0.31퍼센트와 유엔 권고치인 0.7퍼센트에 크게 못 미쳐 향후 원조 규모는 지속적으로 커질 전망이다.

한국의 ODA는 외교부가 무상원조를, 기획재정부가 유상원조를 담당하고 있다. 무상원조는 코이카가 대표적인 시행기관이고, 유상원조는 한국수출입은행 대외경제협력기금을 활용해 집행한다. 정부는 ODA 중점 협력국으로 26개국을 선정했는데, 대부분 기회의 땅이다.

그런데도 한국인 전문가는 턱없이 부족한 형편이다. 2013년 기준으로 ODA 중점 협력국은 네팔·동티모르·라오스·베트남·필리핀 등 아시아 12개국을 비롯해 가나·나이지리아·카메룬 등 아프리카 8개국, 콜롬비아·페루 등 중남미 4개국, 우즈베키스탄·아제르바이잔 2개국 등이다. 이들 국가는 3년 주기로 조정된다.

정부를 통하지 않고도 해외 봉사 활동을 펼칠 기회는 많다. 기아대책, YMCA, 컴패션 등 각종 NGO 단체들이 봉사자들을 기다리고 있다. 김광욱 씨도 대학 4학년 때 YMCA에서 시행하는 태국 치앙마이 지역 봉사 활동에 한 달간 참여한 것이 해외 진출에 대한 용기와 정보를 얻게 된 결정적인 계기였다.

경제 영토에는
국경이 없다

박근혜정부는 일자리가 최고의 복지라며 청년 일자리 창출에 매진하겠다고 밝혔다. 고용률을 70퍼센트로 높이겠다는 목표도 세웠다. 하지만 경제 상황은 녹록지 않다. 가장 큰 문제는 일본을 닮아가는 저성장 기조다.

성장률은 1990년대 이후 하락세를 면치 못하고 있고 전 분기 대비 0퍼센트대 성장을 거듭하는 중이다. 고용률은 2003년 이후 10년째 63~64퍼센트대를 헤어나지 못한다. 설상가상으로 각종 규제와 강성 노조를 이유로 대기업들조차 생산 기지를 해외로 옮기고 있는 실정이다. 이런 상황에서 국내에서 일자리 늘리기란 쉽지 않아 보인다.

이 때문에 정부에서는 경제 영토를 해외로 확장하는 일에 눈을 돌리고 있다. 대한민국 청년들이 전 세계에 나가 꿈과 끼를 펼칠 수 있도록 하는 해외 일자리 장려 사업, 이른바 'K-MOVE' 정책이다. 이는 한국 청년들이 세계에서 역동적으로 움직이자(move)는 의미를 담았다.

지난 정부에서도 물론 해외 일자리 창출정책은 있었다. 4년간 5,000억 원에 가까운 예산을 쏟아부었지만 성과는 신통치 않았다. 가장 큰 문제는 부처 간 칸막이였다. 해외 일자리 창출 사업은 고용노동부는 물론 산업부, 외교부, 교육부 등 부처와 코트라, 코이카와 같은 공공기관까지 10여 개 기관이 연계되어 있다. 하지만 각자 사업을 따로 진행하다 보니 제대로 된 성과를 내지 못한 것이다.

예를 들어 외교부 산하 코이카는 한 해에 2,000여 명의 청년들을 저개발국가에 파견하는 ODA 사업을 펼치고 있다. 파견 나간 청년들은 2년간 현지에서 활동하면서 다양한 사업 아이템과 취업 기회를 갖지만 제대로 된 지원을 받지 못하는 상황이다. 이런 업무는 고용노동부나 산업통상자원부 산하 코트라에서 담당하고 있기 때문이다.

해외 일자리 창출 사업이 실패한 것은 관 중심으로 정책이 시행된 탓도 크다. 전 세계에는 한민족이 750만 명이나 활동하고 있다. 성공한 한국 상인들도 눈에 띄게 늘었다. 하지만 이들의 사업 노하우와 현지 경험을 적용해 해외를 공략하는 일을 등한시해온 게 사실이다. 이들과 멘토링 네트워크를 형성해 윈윈 전략을 짜는 게 시급한 과제로 보인다.

대통령직인수위는 해외 일자리 창출 사업의 컨트롤타워가 필요하다는 데 공감대를 같이하고 대통령직속기구인 청년위원회가 이 역할을 맡기기로 했다. 청년위 설립추진단은 기존의 실패 사례를 거울삼아 'K-MOVE 추진 태스크포스(TF)'를 민간 중심으로 구성했다.

해외 취업과 창업을 지원하는 액셀러레이터 기업은 물론 실제 해외에서 취업과 창업을 이뤄낸 산업 1세대 선배들을 TF 위원으로 위촉했다. 현명관 전 삼성물산 부회장과 우주인 후보에서 창업재단 대표가 된 고산 씨 등이 포함됐다. 민간 연구기관 연구원과 교수, 정부부처 관계자, 해외 일자리 전문가 등도 TF 위원으로 함께 참여했다.

TF 위원으로 참여한 호주 퀸즈랜드대 정재훈 교수는 해외 진출의 성공 조건을 다섯 가지로 정리했다.

1. 해외 진출에 대한 의지
2. 언어와 타문화에 대한 이해도
3. 기술력
4. 최신 정보력
5. 미래에 대한 계획

해외 창업자를 양성하는 최환진 이그나이트스파크 대표는 '사물 간 인터넷(IoT; Internet of Things)' 산업이 유망하다고 조언했다. IoT란 많은 사물들이 인터넷에 연결되어 데이터를 주고받는 개념이다. M2M(Machine to Machine)이라고 불리기도 하며, 오래전부터 언급됐던 유비쿼터스와도 관련성이 높다.

예를 들어 옷에 전자태그(RFID)를 달아 상품 정보와 관련 상품을 제공하고 소셜네트워크서비스(SNS)와 연결한 마케팅을 펼치는 시스템이 여기에 속한다. 스마트폰을 통해 상품 정보를 보고, 매장 재고를 확인하는 것은 물론인 데다 고객의 선호 상품과 구매율까지 파악할 수 있게 된다.

의료계도 IoT 도입에 적극적이다. 의약품에 전자태그를 달아 생산과 유통 과정 등의 이력을 실시간으로 추적해 불법 의약품을 차단하는 의약품 관리 시스템을 도입했다. 인터넷과 운동화를 연결해 운동량을 측정하는 기술 등도 여기에 해당한다. 이런 사업은 아이디어 선점이 중요하다. 이 때문에 최 대표는 아이디어를 상품화할 수 있도록 돕는 정부기관이 만들어져야 한다고 강조했다.

세계한인무역협회(OKTA) 이종호 부회장은 해외에 한인들이 운영하는 6,000여 개의 사업장이 있다며, 이들의 멘토링을 바탕으로 청년 취업과 창업이 활성화될 가능성은 충분하다고 말했다.

베트남에서 일자리를 만들어 국내 인력들을 공급하고 있는 이금화 대우세계경제연구소 부국장은 동남아시아에 아직 기회는 많다고 조언했다. 한류의 영향으로 한국 문화와 제품에 대한 수요가 엄청나게 커지고 있다는 것이다.

특히 한류를 활용한 미용, 헤어 등 뷰티산업은 당장이라도 성공 가능한 비즈니스 모델이 많다고 한다. 이미 현지에 나가 있는 기업이나 동포들과 정보 교류만 활발히 이루어진다면 시행착오도 크게 줄일 수 있다는 설명이다. 실제 성공한 한류 비즈니스 사례도 속속 나오고 있다.

아나운서에서 한류 비즈니스 사업가로 변신한 '소녀시대 패션가발' 제작업체 김민석 대표

뷰티산업도 한류를 타고 세계로

대표적인 회사가 가발을 수출하는 '헤어커투어(Haircouture)'다. 이 회사의 김민석 대표는 특이한 이력을 가졌다. 서울대 출신의 잘 나가던 아나운서였던 그는 앞날이 보장된 직장을 박차고 창업에 도전했다.

첫 회사는 국내 최초의 아나운서매니지먼트회사인 '아나운서주식회사'였다. '아나테이너'라는 말이 생길 정도로 아나운서들의 활동 영역이 확장되면서 전문 매니지먼트가 필요하다는 판단에서였다. 그는 매니지먼트와 전문 방송인 양성뿐만 아니라 청소년과 성인을 대상으로 한 스피치 아카데미도 성공적으로 정착시켰다.

사업이 안정될 때쯤 그의 도전정신은 또 한 번 발동했다. 방송과 뗄 수 없는 뷰티산업이 눈에 들어오기 시작한 것이다. 미국에서 가발 사업을 하는 초등학교 친구를 만난 게 결정적인 계기였다. 미국의 가발 시장은 이미 레드오션인 상황이었다.

김 대표는 가발을 필수품으로 여기는 흑인들이 아닌 백인들을 위한 고급 패션가발 시장을 공략했다. 백인에게 어울리는 색상과 디자인을 개발했고 인모 100퍼센트 제품을 만들어 자연스러운 가발을 만들어냈다. 56센티미터 기준으로 300달러가 훌쩍 넘는 값비싼 가발이지만 품질이 좋다고 입소문이 나면서 크게 성공하고 있다. 2013년 미주 지역 매출만 100억 원을 내다보고 있다.

그는 여기서 만족하지 않았다. 아시아와 유럽 시장에 도전했다. 한류 열풍이 불고 있기에 승산이 있다고 보았다. 김 대표는 세계적으로 알려진 소녀시대를 홍보 모델로 내세우고 싶었다. 어마어마한 모델료가 장벽일 뿐이었다. 이번엔 역발상 전략을 썼다. 소녀시대 소속사인 SM엔터테인먼트에 다음과 같이 공격적인 제안을 내놨다.

"소녀시대가 치킨 광고를 하고 1억 마리 넘게 팔렸다는 얘기를 들었습니다. 이 경우, 만약 치킨 한 마리당 100원의 광고료만 받았어도 100억 원을 벌었을 것입니다. 저희는 사전 모델료 대신 제품 수익의 일정 부분을 드리겠습니다."

처음엔 씨도 안 먹혔다. 하지만 1년이 넘도록 끈질기게 설득한 끝에 결국 소녀시대 패션가발이 세상에 빛을 보게 됐다. 주된 고객층은 쉽게 헤어스타일 변화를 꿈꾸는 젊은 패션 피플이다.

"국내 가발 시장 규모가 6,000억 원으로 추정되는데 2~3년 안에 패션가발 시장은 탈모용 시장보다 커질 겁니다. 국내외 오프라인 판매점을 100곳 이상으로 늘리고 홈쇼핑과 온라인 쇼핑몰에도 제품을 내놓을 계획이죠. 한류는 한국 경제에 더없는 기회입니다. 말 그대로 새로운 시장을 개척하는 창조경제죠. 시야를 조금만 넓힌다면 창조경제는 한류로부터 출발할 수 있습니다."

현지 동포의 멘토링으로 시행착오 최소화

아무리 좋은 정책도 사람들이 이해하지 못하면 효과가 떨어질 수밖에 없다. K-MOVE에 대해 가장 많이 듣는 질문이 '도대체 K-MOVE가 무슨 뜻이냐'는 것이었다. 개념이 쉽게 다가오지 않고 불명확하다는 지적이었다. 이런 문제를 해결하기 위해 K-MOVE의 영문 약자를 다음과 같이 새롭게 정리해보았다.

K: Knowledge Based Industry(지식기반산업)

M: Mentoring(멘토링)

O: Overseas Research & Development(해외 연구개발)

V: Venture Spirit(벤처 정신)

E: Employment Creation(일자리 창출)

한마디로 K-MOVE는 지식을 이용해 상품과 서비스의 부가가치를 크게 향상시키는 프로젝트로, 첨단기술산업보다 훨씬 넓은 개념이다. 자본과 노동처럼 일회적으로 소모되는 것이 아니라 지속적으로 축적되면서 작게는 기업, 크게는 국가의 경쟁력을 좌우하는 지적자산이다. 기술, 정보, 아이디어, 특허 등 지식을 생산하거나 혹은 활용하는 산업을 모두 포함한다.

OECD 회원국들은 국내총생산(GDP)의 약 35퍼센트를 지식기반산업에서 얻는 것으로 추산된다. 자원이 부족한 우리나라에는 초고속 인터넷망과 정보통신기술을 기반으로 한 지식기반산업이 미래의 든든한 먹거리가 될 수 있다. 더욱이 중국의 저가 공세로 제조업이 위축되고 있는 상황에서 상대적으로 경쟁력이 강한 지식기반산업을 선도함으로써 해외 경제 영토를 확장시켜나가는 게 최우선 과제라 할 수 있다.

해외에 나가 있는 우리 동포의 규모는 750만 명에 달한다. 이들이 운영하는 사업체는 세계한인무역협회에 등록된 것만 해도 6,000여 개이고, 이들과 유관한 업체들과 해외에 파견된 주재 기업까지 합치면 1만여 개에 이른다. 그런데도 이런 자원들을 활용해 해외 일자리를 늘리려는 노력이 부족했다. K-MOVE는 이들과의 멘토링 관계를 구축해 현지 정보를 습득하고 취업과 창업의 노하우를 전수받아 시행착오를 최소화하려 한다.

이를 위해 우선 수십 곳의 해외 거점에 K-MOVE 센터를 개설한다는 계획을 세웠다. 2013년 첫해 세 개를 시작으로 해마다 다섯 개씩 늘려나갈 방침이다. K-MOVE 센터에는 코트라뿐 아니라 해외 공관과 코이카, 산업인력공단 등 해외에 나가 있는 국가기관들은 물론, 세계한인무역협회와 세계한상회 등 관계자들이 협의체를 구성해 청년들에게 취업과 창업 정보를 제공하고 현지 안착을 지원할 계획이다.

해외 진출 희망자라면 2014년부터 본격 가동할 K-MOVE 포털사이트를 활용해볼 만하다. K-MOVE 포털사이트는 해외시장에 대한 분석 자료 이외에도 현지 시장 사정을 비롯한 취업 및 창업 정보, 제도 및 관련 법령 등을 제공할 예정이다. 또한 현지 동포들과의 쌍방향 소통이 가능하게끔 운영될 계획이다. 해외 진출의 경험이 있는 기업인들과 해외 한상인 등 각 분야별 전문가를 멘토로 위촉해 해외 진출의 전 과정을 멘토링하는 사업도 진행한다. 이들은 K-MOVE 포털사이트에 분야별, 직종별 커뮤니티를 만들어 온오프라인 멘토십 관계를 형성할 계획이다.

통일이 줄 수 있는 무한 기회

1981년 동독 라이프치히에 위치한 니콜라이 교회에 통일을 바라는 청년들이 모여들었다. 이들은 날선 토론회나 정부에 대한 성토대회를 갖지 않았다. 거센 구호도 외치지 않았다. 평화를 기원하는 기도가 전부였다. 이 월요기도모임은 입소문이 퍼지면서 점차 규모가 커졌다.

매주 월요일 오후 5시 기도회가 끝난 뒤 청년들은 평화적인 촛불시위를 갖기 시작했다. 여기에는 기독교인뿐만 아니라 일반인들도 하나둘씩 동참했다. 1,000명이 함께한 촛불시위는 2,000명, 8,000명, 2만 명으로 늘어났다. 베를린 장벽이 무너지는 데 결정적인 역할을 했던 1989년 10월 9일 촛불시위는 무려 7만 명이 참가했다. 그들의 손에는 돌과 화염병 대신 촛불이 들려 있었다. 그들은 '비폭력'과 '자유'와 '정치범 석방'을 외쳤다. 그들의 기도와 외침이 온 나라를 뒤덮었고, 그로부터 정확히 한 달 뒤인 11월 9일 베를린 장벽이 무너졌다.

"준비 안 된 통일은 대재앙이며 준비된 통일은 축복이다."

독일의 저명한 저널리스트 우베 뮐러(Uwe Muller)는《대재앙 통일*Supergau Deutsche Einheit*》이라는 책에서 이렇게 얘기했다. 그는 1990년 독일 통일 이후부터 2005년까지 1조 4,000억 유로(약 1,680조 원)의 공적자금이 투입됐지만 동독 경제를 살리는 데 실패했다고 단언했다. 독일 정치인들의 무책임한 '퍼주기'가 오히려 동독 지역을 경제적 불모지로 만들었으며, 급격한 인구 감소와 극우·극좌 정당의 선호 등 심각한 후유증을 낳고 있다는 주장이다. 그는 결국 동독에 대한 기부금이 단계적으로 삭감되는 2008년부터 2020년 사이에 대재앙이 닥칠 것이라고 예견했다.

이 책이 쓰인 시점은 2006년이다. 정부의 햇볕정책을 비판하는 쪽에서는 이 책을 빗대어 성급한 통일 논리에 반기를 들었다. 그렇다면 밀러의 예견은 맞았을까? 적어도 최근 독일 경제 상황을 보면 그는 틀렸다. 유럽 경제가 힘을 못 쓰는 가운데 독일 홀로 승승장구하고 있기 때문이다.

실제로 독일의 2013년 실업률은 4퍼센트대로 프랑스의 3분의 1, 스페인의 4분의 1 수준이다. 경제의 빨간불이 들어온 유럽연합(EU)은 '돈 많은 큰형'인 독일의 눈치를 볼 수밖에 없는 처지다. 오죽하면 독일 메르켈 총리가 빚쟁이 그리스에 대놓고 "파르테논 신전을 팔아서라도 빚을 갚고 절약해 경제를 살려라"는 독설을 퍼부었겠는가.

물론 독일도 1990년 통일 후 10여 년간 경제적으로 큰 어려움을 겪었다. 서독과 동독의 화폐 교환비율을 1 대 1로 하면서 통화는 고평가됐고, 이로 인해 독일 전체의 경쟁력이 떨어져 실업률이 급증했다. 성장률도 1퍼센트대에 머물렀다.

하지만 2003년 슈뢰더 총리가 노동시장 유연화와 복지제도를 개혁하면서 사정은 달라지기 시작했다. 1999년 유로화 통화 통합은 점차 긍정적인 효과를 발휘했다. 통화가 평가절하되면서 수출 비중이 높은 독일의 경쟁력이 크게 높아졌다. 유럽 여러 나라를 자신의 내수시장으로 만든 것도 경기 전환의 효자노릇을 했다. 통일로 인해 내수시장이 팽창하고 건설 경기가 활성화된 것도 크게 한몫했다.

갑자기 통일 이후 독일의 경제 상황을 얘기한 이유는 한국 청년들의 통일 혐오감이 위험 수위에 치달았기 때문이다. 통일연구원이 2012년 19세 이상 전국 성인남녀 1,000명을 대상으로 설문조사한 결과, 통일이 필요하다고 공감하는 비율이 60대 이상은 73.2퍼센트인 반면, 30대와 20대는 각각 59.7퍼센트와 42.2퍼센트에 그쳤다. 통일비용 부담에 대해서도 1인당 연 10만 원이 넘어서면 절대 통일을 원하지 않는다는 응답이 94퍼센트에 달했다. 결국 경제적인 부담이 통일 혐오감의 주된 이유라는 얘기다.

통일이 반드시 경제에 부정적인 영향만 미칠까? 현대경제연구원은 남북한이 통일되면 오는 2050년에는 군사비 절감액이 1조 9,000억 달러에 달하고, 1인당 GDP는 8만 6,000달러를 달성한다고 전망했다. 우리나라가 세계 10위의 경제대국이 될 것이라는 설명이다. 골드만삭스도 오는 2050년 통일 한국은 GDP가 6조 560억 달러에 달하고 통일 후 30~40년 내 세계 7위권에 진입할 수 있다고 밝힌 바 있다. 그런데도 우리는 분단 상황에 익숙하다 보니 군사비 등 막대한 분단비용과 통일 이후에 국민이 누릴 수 있는 거대한 편익에 대해서는 축소하거나 왜곡하고 있는 측면이 크다.

통일부는 2022년쯤 평화 통일이 이뤄진다고 가정할 때, 통일 첫해에 제도 통합과 남북 간 철도와 도로 연결 등에 소요되는 비용이 약 55.9조 원에서 277.9조 원에 달할 것이라고 예측했다. 이런 차이는 통일 당시 북한 주민들의 소득 수준이나 그들에 대한 사회보장의 수준에 따라 생겨난다. 물론 금액의 규모에 관계없이 통일비용을 일시에 조달하는 것은 쉽지 않다. 하지만 지금부터 차근차근 준비해 나간다면 내수 활성화와 자원 확보 등의 기회로 활용할 수 있다.

한편 통일이 되면 분단으로 가로막혀 있는 지리적 불리함을 극복할 수 있다. 남북이 하나 되면 중국과 베트남, 인도, 터키까지 이어지는 신 한류 실크로드가 열려 동북아 물류 허브의 길이 열리는 것이다. 그뿐 아니라 잘 준비된 남북통일은 생산 가능 인구와 자본투자 증가, 생산성 향상, 대외 경제협력 활성화 등을 가져와 고착화되고 있는 저성장 기조를 바꿀 기회가 될 것이다.

아울러 상대적으로 노령인구가 적고 청장년층이 많은 북한과 노령인구가 많은 남한이 통일되면 인구구조도 개선될 것이다. 운송·통신 등 인프라 투자와 기업 설비 투자가 늘어나고 남한의 기술·자본과 북한의 값싼 토지·노동력이 결합해 시너지 효과도 낼 수 있다.

미래를 사는 청년들에겐 하나하나가 모두 기회다. 단언컨대 지금의 청년들이 생을 마감할 때까지 통일만큼 큰 장은 없을 것이다. 그런데도 비관론을 앞세워 다가올 내일을 준비하지 않는 자에겐 결코 미래가 없다. 남의 잔칫집 구경꾼 노릇만 할 뿐이다. 이제 우리가 지워야 할 또 다른 중요한 국경은 바로 비무장지대다. 이를 위해서는 통일을 두려워하는 마음의 경계선부터 제거해야 한다.

5장

상생의 조건
따뜻한 성장을 꿈꿔라

장난기 어린 눈매에 여드름이 채 가시지 않은 얼굴, 배낭을 멘 채 다가온 20대 청년은 여느 대학생들과 다르지 않아 보였다. 수줍게 인사를 하고 건넨 명함에는 '딜라이트보청기 대표이사'라는 글자가 선명히 찍혀 있었다. 이 친구가 그 유명한 사회적 기업가 김정현? 의외였다. 생각보다 더 앳되고 밝았다. 매머드급 보청기 업체들 사이에서 다크호스로 떠오른 벤처기업의 대표로는 보이지 않았다.

김정현 대표는 가장 주목받는 청년 기업가다. 글로벌 사회적 기업 인증기관인 B랩(B-LAB)은 김 대표의 회사를 2013년 상위 10퍼센트 글로벌 사회적 기업으로 선정했다. 저소득층의 난청인들이 큰 부담 없이 보청기를 구입할 수 있도록 보청기 가격을 대폭 낮춰 한국 사회에서 사회안전망의 역할을 하고 있다는 점을 높이 평가했

김 정 현
딜라이트보청기 대표

다. 자본주의 대안으로 떠오른 이른바 '따뜻한 성장'을 이룬 그는 2012년 총선 때 새누리당 청년 비례대표 후보로 거론됐고, 안철수 후보의 출마 선언 기자회견장에 모습을 나타내 세간의 주목을 끌기도 했다.

설립된 지 3년도 채 안 된 벤처기업이 이토록 주목받는 이유가 무엇일까? 한 모임을 통해 우연히 만난 그는 하루하루 바쁘게 보내고 있었다. 해외 출장도 한 달에 한두 차례 이상 잡혀 있었다. 이번이 첫 만남이었지만 그와의 대화는 유쾌했다. 비교적 어린 나이에 경험한 실패와 좌절, 재기와 대박의 스토리는 여느 웹툰보다 흥미진진했다. 그가 젊은 나이에 성공한 데는 이유가 있었다. 김 대표의 성공 비결은 다섯 가지로 요약해볼 수 있다.

❝사회적 기업은 자선단체가 아닙니다. 하지만 자선단체보다 더 큰 사회적 기여를 할 수 있어요. 좋은 기술과 제품을 개발해 많은 사람이 쉽고 싸게 접근할 수 있도록 하는 일이 따뜻한 성장을 이루는 길이라고 저는 믿습니다.**❞**

첫째, 많은 사람이 공유하는 고통에 집중한다

김 대표는 귀금속 유통과 부동산업을 하는 부모 밑에서 자라면서 일찍부터 사업하는 걸 보고 배웠다. 중학생 때 게임 아이템을 판매해봤고, 고등학생 때는 전자사전과 MP3, 명품가방 등을 거래하며 꽤 많은 돈을 벌었다. 보청기 사업의 종잣돈은 그때 마련된 것이다.

"어린 나이라 실패가 별로 두렵지 않았어요. 오히려 하고 싶은 일에 도전하지 않으면 그게 더 후회가 될 것 같았죠. 한번 시작하는 게 어렵지 사업에 일찍 눈을 떠보니 기회를 찾게 되더라고요."

일찍부터 사업의 재미를 맛본 그는 가톨릭대 경영학과에 입학한 뒤 사회적 기업을 연구하는 연합동아리에 들어갔다. 그곳에서 국내외 사회적 기업들을 연구하며 사업 아이템을 찾았다. 그는 외국의 사회적 기업이 성공한 사례들 가운데 적지 않은 경우가 국내에서는 이미 해결된 문제라는 사실을 발견하고, 국내에서 아직 풀지 못한 문제를 찾기 시작했다.

"미국과 일본 등에 비해 한국의 난청 문제는 심각했습니다. 보청기 보급률이 일본의 경우 30퍼센트에 가깝지만 한국은 한 자릿수에 머물렀어요. 보청기가 필요하지만 비싼 가격 때문에 구입할 엄두를 못 내고 있었던 것이죠. 많은 사람이 공유하는 고통에 집중하는 게 바로 소비자의 니즈(욕구)를 파악하는 겁니다."

2009년 당시 국내 난청 환자는 40만 명 가까이 됐지만 비싼 가격 때문에 보청기 착용률은 7.5퍼센트에 불과했다. 외국계 대형 업체가 보청기 시장을 지배하다 보니 유통 구조가 복잡한 데다 저가 모델도 평균 70만 원에 달해, 대다수 난청 환자들이 보청기 구입을 포기하는 실정이었다.

둘째, 실패에서 배운다

김 대표는 공익기업 모델로 유명한 인도의 '아라빈드 안과병원'의 보청기 사업 실패 사례를 연구하다 재미있는 아이템을 발견했다. 백내장 수술을 전문으로 하는 아라빈드 병원은 저소득층에 무료로 수술을 해주는 반면 중산층과 고소득층에는 유료 시술을 하는 곳으로 유명하다.

"아라빈드 병원이 저소득층을 위한 보청기 사업을 시작했는데 실패했어요. 그 이유가 시장성이 없어서가 아니라 제품이 너무 크고 애프터서비스가 좋지 않아서였죠. 유통 구조나 기술 개발 부분을 보완하면 국내에서 충분히 성공할 거라는 확신이 들었어요.”

김 대표는 당장 국내에서 보청기 보급률이 낮은 이유를 파고들었다. 그 결과, 그는 보청기의 제조 및 판매 과정이 매우 복잡하고 개인 맞춤형으로 제작하다 보니 원가를 낮추기 힘들다는 것을 파악했다. 그는 인도의 실패 사례를 거울삼아 전문가와 업계 관계자들을 직접 찾아다니며 조언을 구했다. 그리고 2010년 7월, 두 친구와 함께 회사를 차렸다.

셋째, 소비자 욕구를 정확히 파악한다

김 대표는 난청 환자들이 원하는 것을 정확히 짚어냈다. 그는 먼저 정부의 난청인 보조금인 34만 원에 맞춰 보청기 가격을 책정하기로 했다. 누구든 추가 비용의 부담 없이 보청기를 구입할 수 있도록 가격을 대폭 낮춘 것이다. 저렴한 보청기 제작은 유통 구조의 개선과 표준화 기술로 해결했다. 보청기가 비싼 이유는 불필요한 옵션들과 개인 맞춤형 제작 관행 때문이었다.

“저희가 추구하는 방법은 크게 두 가지예요. 하나는 표준화 기술을 개발했는데, 기성복처럼 보청기도 스몰, 미디엄, 라지 등으로 사이즈를 표준화했죠. 굳이 맞춤형이 아니라도 큰 불편함이 없었어요. 덕분에 대량 제작과 온라인 판매가 가능했죠. 다른 하나는 유통 마진을 삭감했습니다. 농산물 직거래처럼 대리점 없이 직영으로 파는 전략을 도입해 유통비를 크게 줄일 수 있었죠.”

김 대표는 줄곧 사회적 기업으로 인증을 받아왔지만 최근 연장 신청을 하지 않았다. 사회적 기업으로 인증을 받으면 정부 지원금을 비롯해 혜택이 만만치 않은데도 말이다. 그는 정부에 인증 신청을 하지 않는 대신 미국의 비영리 조직으로부터 사회적 기업의 인증을 받았다.

"사회적 기업을 시작할 때, 정부 지원만 바라보는 사람들도 있는데 그런 마인드로는 성공하기 힘듭니다. 어느 정도 자립할 수 있으면 정부의 지원을 바라면 안 되죠. 다른 기업의 기회를 빼앗는 것일 수 있으니까요. 게다가 사회적 기업으로 인증을 받으면 수익의 3분의 2를 사회 환원하는 차원에서 재투자해야 하는데, 이는 주주들에 대한 배임이기도 합니다. 저는 값싸고 질 좋은 제품을 만들어 '돈 없어서 듣지 못하는 사람이 없는 세상을 만드는 것'이 바로 사회 환원이라고 생각해요."

그의 회사가 오늘의 자리에 오르기까지는 대형 업체들이나 보청기협회의 압박도 만만치 않았다. 제품명 표기 문제부터 성능 시비까지 20대 CEO가 견뎌내기엔 쉽지 않은 난관이 많았다.

"사회문제를 해결하는 사업을 한다고 해서 시장이 호의적인 것은 절대 아닙니다. 누가 거저 도와주는 일은 없어요. 오히려 냉혹한 시장의 현실에 직면하게 됩니다. 다른 사람의 호의에 기대지 않고 제품으로 승부해야 합니다. 우리 제품 덕분에 대형 업체들도 값싼 신제품들을 속속 내놓고 있어요. 이런 게 바로 사회적 기여가 아닐까요?"

다섯째, 도전해야 성공할 수 있다

김 대표는 지난 2013년 2월에 대학을 졸업했다. 그의 회사는 설립한 지 2년 반 만에 직원 47명에 직영 대리점이 14곳이나 되는 업체로 성장했다. 2012년에 42억 원의 매출을 기록했고 2013년에는 60억 원을 목표로 하고 있다. 매출액 기준으로 업계 순위는 5위에 해당한다. 중견 제약업체와 합병하면서 연구개발의 규모를 늘렸고 해외 진출도 눈앞에 두고 있다. 하지만 그의 도전은 여기서 그치지 않는다.

"어려서부터 크고 작은 사업을 시작해보니 망하는 게 두렵지 않았어요. 그게 무서워서 도전하지 않으면 아예 결과조차도 없는 거니까요. 올해 목표는 시장점유율을 10퍼센트까지 끌어올리는 겁니다. 전문경영인을 세우고 저는 좀 더 공부해 다른 사업에도 도전해보려고 합니다."

한 걸음 더 나아가 그는 사회적 기업을 지원하는 벤처캐피털도 만들었다. 좋은 아이디어를 선별해 2,000만 원에서 7,000만 원까지 투자에 나섰다. 딜라이트보청기와 같은 사회적 기업이 더 많아져야 한다는 취지에서였다.

"사회적 기업은 자선단체가 아닙니다. 하지만 자선단체보다 더 큰 사회적 기여를 할 수 있어요. 좋은 기술과 제품을 개발해 많은 사람이 쉽고 싸게 접근할 수 있도록 하는 일이 따뜻한 성장을 이루는 길이라고 저는 믿습니다."

함께 가야
멀리 간다

　　　　　　나는 짧지도 길지도 않은 기자생활의 대부분을 경제부와 사회부에서 보냈다. 그 중에서도 사회부 법조 팀에서 4년 가까이 취재 활동을 했다. 법조 팀은 군대로 치면 최전방 초소와 같은 곳이다. 대한민국에서 벌어지는 중요한 사건 사고들이 모두 이곳으로 몰려드는 통에, 이 길목을 지키고 있는 기자들은 매일 전쟁 같은 특종 경쟁에 시달린다.

　법조 기자들이 만나는 취재원들은 당연히 판검사와 변호사 등 법조인들이 대부분이다. 알다시피 이들은 엘리트 의식이 강하다. 그 때문에 자존심과 고집으로 똘똘 뭉쳐 남을 잘 인정하지 않는 성향이 있지만 장점도 있다. 바로 사회 정의에 대한 부채의식을 갖고 있다는 점이다. 그들은 자신들이 특혜를 받는 사회 지도층이므로 사회에 보탬이 될 만한 일을 해야 한다는 강박관념이 가슴속에 자리하고 있다. 사법연수원에서 2년간 공부하다 보면 자연스레 그런 의무감을 갖게 되는 모양이다.

나는 2009년 서울지방변호사회와 함께 법조인들의 이런 특성을 파헤치는 기사를 기획했다. 저소득층 학생들과 변호사를 일대일로 맺어주고 금전적 지원과 함께 멘토링을 해주는 프로그램이었다. 시리즈 제목은 "변호사님과 친구 됐어요"였다.

변호사들은 프로보노(공익 활동)에 대해 대체로 열린 마음을 갖고 있다. 하지만 바쁜 일상에 시달리다 보니 구체적으로 무엇을 어떻게 해야 할지 몰라 막막해하는 이들이 적지 않다. 우리는 이 점을 간파하고 포착하고 서울지방변호사회와 함께 이들의 프로보노 의식을 고양시키는 프로그램을 만들기로 계획한 것이다.

우리의 시도에 대해 일각에서는 참여율이 저조할 거라며 비아냥거렸다. 하지만 예상은 보기 좋게 빗나갔다. 당시 서울지방변호사회에 속한 변호사 7,000여 명 가운데 2,000명 가까이 이 프로그램에 참여했다. 대형 로펌들은 물론 프로그램의 취지에 동감한, 이른바 인하우스 카운슬(In-house councel)이라 불리는 대기업 소속의 사내 변호사들까지 대거 참여한 덕분이었다. 이들은 자신과 자매결연을 맺은 학생들이 졸업할 때까지 매달 5만 원의 교재비를 지원하고 때로 인생 상담을 해주기도 한다.

나는 1년간 저소득층 학생들의 사연을 소개하고 멘토와 멘티 관계를 맺는 과정을 기사로 써나갔다. 이는 '한 사람의 열 걸음보다 열 사람의 한 걸음이 중요한 세상'을 만들기 위한 나의 작은 시도였다. 나름의 개똥철학이 없었다면 여느 법조 기자들처럼 특종 경쟁에만 매달려 하루하루 독종으로 살아가고 있었을지도 모른다. 따뜻한 성장이 미래의 대안이라는 개똥철학이 더불어 살아가는 열 사람의 한 걸음을 지원한 것이다. 덕분에 나는 이듬해 서울지방변호사회로부터 공로상을 받는 영예까지 얻었다.

사실 그동안 나는 대학 전공의 덕을 많이 봤다. 대표적인 것이 '채널A'라는 방송국 설립 업무를 맡은 일이었다. 2010년 중순, 동아일보 사회부에서 근무하던 나는 종합편성채널 설립추진단으로 옮기라는 지시를 받았다. 새로운 방송국을 만드는 일에 참여한다는 건 개인적으로 영광스럽기 그지없었다. 자본금 4,000억 원의 방송국을 만드는 일에 참여할 수 있다니, 행복하고 가슴이 벅찼다.

방송국 설립 허가를 받기 위해서는 방대한 분량의 사업계획서를 제출해야 했다. 내가 맡은 부분은 공적 책임을 비롯한 공정성과 공익성 부분이었다. 사회복지를 전공한 데다 복지 전문기자가 되겠다며 이것저것 시도해본 이력이 감안됐다.

나는 방송국 설립을 준비하는 1년여 동안 국내외 방송국의 공익 사례를 수집해 연구했다. 또한 기업의 사회적 책임제도를 파악하기 위해 웬만한 기업들의 사회적 책임 활동은 모두 분석했다. 아울러 방송 서비스의 보편성 확보를 위해 사회적 약자들에 대한 연구도 병행했다. 그리고 선거방송의 공정성, 재난방송의 프로세스, 방송언어의 순화까지 다양한 영역의 공익성 확보 방안을 마련했다.

이런 일들을 처리하면서 나는 무척 많은 걸 얻었다. 방송의 공익성 속에는 우리 사회가 나아가야 하는 방향 제시도 포함되어 있다. 나는 소통을 통해 공생하고 통합하는 과정이 무너져 가는 자본주의 제도를 바로잡는 길이라는 사실을 깨달았다.

종합편성채널 설립을 위해 부여받은 임무 완수를 위해 고군분투한 내게 또 한 번의 기회가 찾아왔다. 개국 특집 프로그램을 만들어보라는 제안을 받은 것이다. 나는 무려 두 시간 분량의 다큐멘터리 프로그램 제작을 맡게 됐다. 주제는 망가진 자본주의제도에 대해 돌아보고 대안을 제시하는 것이었다.

첫 직장이 케이블 방송국이긴 했지만 이런 프로그램을 직접 기획해 단독으로 제작하는 건 처음이었다. 나는 두려움이 앞섰지만 잘할 수 있다는 자신이 있었다. 1년여 동안 방송의 사회적 책임에 대해 누구보다 많이 연구했고 사전 준비도 충분했기 때문이다.

나는 먼저 주제를 좁히고 기획안을 작성했다. 글로벌 경제 위기 이후 새로운 자본주의제도를 모색하고 더불어 공생할 수 있는 방안을 찾는 쪽으로 기획 방향이 잡았다. 간부들과의 회의를 거쳐 프로그램 제목을 〈함께 가야 멀리 간다〉로 정했다. 1부는 '상생의 조건', 2부는 '갈등을 넘어 미래로'라는 부제를 달았다. 영국과 프랑스 등 유럽의 선진국들은 어떻게 공생하고 있는지에 대한 사례는 직접 현지 취재했다.

2012년 12월, 나는 부슬비가 내리는 런던에서 노란색 버스를 탔다. 빈민촌을 순환하는 버스였다. 언덕길을 한참 오르던 버스는 길가에 서 있는 노인을 발견하곤 멈춰섰다. 기사는 버스에서 내려 우산을 들고 노인에게 다가갔다. 그러고는 노인을 버스에 태워 자리까지 안내한 다음 버스를 다시 출발시켰다. 승객 대부분은 노인이나 장애인이었지만 빨리 타라고 재촉하는 법이 없었다. 더 특이한 점은 승객들이 요금을 내지 않는다는 것이었다. 우산 안내를 받았던 노인이 버스에서 내리면서 팁을 건넸지만 기사는 한사코 마다했다.

빈민촌 취약계층을 위한 교통수단인 이 노란색 버스는 HCT라는 사회적 기업에서 운행한다. 1993년 이민자나 실업자들의 일자리 마련을 위해 세워진 이 회사는 설립 당시 직원 다섯 명에 버스 두 대로 시작했다. 회사가 이윤을 앞세우지 않으면서도 과연 성장할 수 있을까? 이 회사는 이런 우려를 말끔하게 날려버렸다. 설립한 지 18년 만에 140배 규모로 성장한 것이다.

이 회사에는 두 가지 색깔의 버스가 있다. 상업 노선으로 유료인 빨간색 버스와 낙후 지역을 무료로 운행하는 노란색 버스였다. 노란색 버스를 매개로 지역주민과 운전기사, 그리고 기업이 공동체 의식을 느낀다. 지역주민들은 이 회사의 유료 버스를 더 자주 이용했고 회사는 자연스레 성장해가고 있다. 따뜻한 자본주의의 성장

가능성을 보여준 이 회사의 CEO는 성공 비결을 묻는 내게 이렇게 말했다.

"사회적 기업을 만들기 위해서는 영향력 있는 기업가가 필요합니다. 저희는 주주가 없기 때문에 기업의 이익을 위한 압박도 없습니다. 그래서 수단과 방법을 가리지 않고 이익을 추구하는 부도덕한 기업처럼 행동하지 않지요. 저희는 좋은 서비스를 제공해 돈을 벌고 그 이익을 지역공동체를 위해 씁니다."

다음으로 찾은 곳은 영국 민주주의의 성지로 불리는 하이드파크였다. 그곳에서는 130년째 주말마다 정치와 사회, 그리고 종교에 대한 길거리 토론이 벌어지고 있었다. 참가자들은 격렬한 토론을 벌였지만 이내 서로의 다름을 인정했다. 종교 토론을 벌였던 두 참가자는 "우리는 각자 다른 주장을 할 수 있지만 사석에서 만나면 편한 친구"라며 악수로 마무리했다.

진보 진영이 개최한 런던대토론회에도 참석했다. 보수당의 아이콘인 보리스 존슨(Boris Johnson) 런던 시장이 강연자로 나섰다. 고성이나 야유는 없었으며 모두들 경청하고 열띤 토론을 벌였다. 이런 문화에 대해 부러운 듯 질문을 하자, 런던 시장은 "상대방의 이념과 생각을 존중할 때 비로소 런던이 건강해지죠. 영국 사회의 다양성이 런던에 창의성을 더한다고 생각해요"라고 답했다.

나는 영국 취재를 마치고 다음 목적지인 프랑스로 이동했다. 송전선 재설치 문제가 불거진 북부 중심도시 릴을 취재했다. 지역주민과 건설사, 시민단체들이 4년 뒤 설치될 송전선을 두고 벌써부터 머리를 맞대고 이견을 좁혀나갔다. 갈등으로 인한 사회적 비용을 최소화하기 위한 조치라 할 수 있었다.

이 토론회를 주관한 프랑스 국가공공토론위원회(CNDP)는 지금까지 100여 건의 굵직한 국책 사업을 둘러싼 갈등을 성공적으로 해결해왔다. 한국도 이와 비슷한 기구를 설치할 계획을 갖고 있다. 이에 대해 CNDP 위원장은 "한국의 갈등 해결 기구는 독립적이고 중립적이어야 합니다. 그 사명은 신뢰를 재구축하는 것이 되어야 해요"라고 조언했다.

마주 보고 달리는 기차처럼 타협 없이 갈등과 반목을 되풀이하는 한국 사회에 공생과 통합의 길을 보여주는 좋은 사례들이었다.

윈윈 정신과
상생 DNA

1759년 영국 요크셔 지방의 부유한 상인 집안에서 태어난 한 청년은 스물한 살에 하원의원에 당선됐다. 탄탄대로를 걷던 그는 4년 뒤에 종교 토론 등을 통해 '회심'을 경험했다. 그는 정치를 그만두고 성직자의 길로 들어서려 했지만 당시 수상이던 친구가 만류했다.

"교회가 아닌 일상에서도 기독교의 가르침을 얼마든지 실천할 수 있지 않을까?"

친구의 조언에 청년은 고민했다. 그리고 도덕과 질서를 지키고 봉사로 다른 사람의 모범이 되는 것, 나아가 깨끗한 사회를 만드는 일도 진정한 종교인의 삶이란 깨달음을 얻었다. 이후 그는 영국의 노예제를 폐지하고 무절제한 풍속을 없애는 법안을 만드는 데 평생을 바쳤다. 영국 역사상 가장 개혁적인 정치인으로 꼽히는 윌리엄 윌버포스(William Wilberforce)의 거듭난 삶의 이야기다.

서른이 넘어 어른이 되어가는 내게 새로운 철학을 심어준 이가 바로 윌버포스다. 한때 나도 목회자를 꿈꾼 적이 있었다. 자라온 환경은 다르지만 나름의 소명은 250년 전 윌버포스와 유사했던 것이다.

윌버포스는 기독교인은 이기적으로 살아서는 안 되고 참된 기독교가 부흥해야 사회복지가 증진된다고 주장했다. 그는 도덕성 회복을 국가의 중요한 발전 목표로 제시하기도 했다. 그의 정신과 행동은 영국 상류사회에 노블레스 오블리주(noblesse oblige) 정신이 자리 잡게 했다.

이는 내가 원하는 삶의 방향성이기도 하다. 한국인의 DNA 속에는 나눔을 통해 더불어 사는 공생의 유전자가 면면히 흐른다. 서양보다 수백 년 앞서 시행됐던 조선시대의 향약(鄕約), 두레와 같은 생활 자치규약이 바로 한국판 노블레스 오블리주의 원형이 아닐까. 16세기에 이미 기반이 잡힌 향약은 공동체 생활의 기본 원리로, 상생정신을 실천하려는 조상들의 강한 의지와 지혜가 담겨 있다.

좋은 일을 권하는 덕업상권(德業相勸), 잘못을 규제하는 과실상규(過實相規), 좋은 풍속을 교환하는 예속상교(禮俗相交), 어려운 이웃을 돕는 환난상휼(患難相恤). 서양보다 훨씬 앞선 시기에 더불어 잘 살고자 하는 철학이 한반도에서 꽃을 피운 것이다. 또한 농사를 짓거나 길쌈을 하던 공동체 조직인 두레나 서로 노동력을 주고받던 품앗이와 같은 전통 또한 한국적 나눔 문화를 잘 보여준다.

근대에 들어서도 이런 나눔의 전통은 이어진다. 한일 강제병합 시기인 1907년에 일어난 '국채보상운동'이 대표적인 예라 할 수 있다. 일본이 우리나라를 경제적으로 예속시키고자 제공한 차관 1,300만 원을 국민들이 자발적으로 나서서 갚아나간 이 운동은 근대 기부 문화의 효시로 일컬어진다. 이런 전통은 오늘날까지도 이어져 우리 사회를 지탱하는 버팀목 구실을 하고 있다.

한국인의 상생 DNA는 서구의 윈윈 정신을 포괄하는 상위의 개념이다. 윈윈은 개인주의 사회에서 경제적으로 서로 손해를 입지 않는 최적의 상황을 뜻한다. 서부시대 총잡이들이 돌발 상황을 피하기 위해 악수를 청하듯이 언제 깨질지 모르는 불안한 평화 상태로 볼 수 있다. 제로섬 게임이 되지 않기 위한 궁여지책일 수도 있다.

하지만 한국적 상생은 향약과 두레의 정신에서 엿볼 수 있듯이 서양의 합리성만으로는 채울 수 없는 문명사회의 숨은 가치를 품고 있다. 개인주의가 아닌 공동체를 기반으로, 더불어 나누면서 살아가는 사회의 가치를 기본 정신으로 삼고 있는 것이다.

최근 반값 등록금 실현 방안이나 비정규직 대책, 감세정책 철회 방침 등과 같이 사회안전망을 강화하려는 경제민주화 대책들이 쏟아지고 있다. 경제적 약자들도 더불어 살 수 있는 공생 생태계를 조성하려면 무엇보다 따뜻한 자본주의의 앞선 모델인 향약의 철학과 정신을 깊이 되새길 필요가 있다.

정부의 역할에는 한계가 있게 마련이므로 사회적 갈등을 해소하고 상생 해법을 찾는 문제에 경제 주체들이 노블레스 오블리주 정신을 발휘해야 한다. 현대 자본주의가 갖고 있는 한계와 함정을 극복할 수 있는 열쇠가 한국적 상생 DNA 속에 있다.

청년의 선한 아이디어가 세상을 바꾼다

글로벌 경기 침체의 영향으로 한국 경제가 저성장 기조에 들어섰다. 기업들은 어려운 경제 상황을 극복하기 위해 생산성을 혁신하고 원가 경쟁력을 확보하려 애써왔다. 그런 노력 덕분에 인건비 절감에는 어느 정도 성공했지만 고용 없는 성장이란 부작용이 나타났다. 한국의 청년 실업률이 전체 실업률의 두 배를 넘어선 이유도 여기에 있다.

청년 일자리 창출은 국민 행복과 복지의 핵심 과제라 할 수 있다.

인수위원회 활동 기간 동안 일자리와 관련된 각 분야 전문가들과 20여 차례의 정책 토론회를 가졌다. 145명의 청년들이 참석한 간담회를 마련해 '청년이 바라는 일자리'에 관해 얘기를 나누기도 했다. 이런 과정을 통해 무엇보다 일자리 수와 그 일자리에 필요한 학력 이수자 수 사이에 큰 차이가 있다는 사실을 발견했다.

실제로 현재 대학 졸업자 수는 대학 졸업 학력을 요구하는 일자리 수와 대비해 90퍼센트 이상 초과되어 있다. 해마다 대학을 졸업한 구직자가 56만 명가량 되지만 대기업 신규 일자리 수는 5만여 개에 불과하기 때문이다.

간담회에 참석한 2030세대들도 이 문제에 대해 많은 우려와 의견을 표명했다. 이때 나온 대안 중 하나가 사회적 기업과 협동조합을 활성화하는 '청년이 만드는 따뜻한 성장, 사회적 일자리'였다. 특히 더불어 잘사는 선진국형 협동조합 모델을 개발해 고학력자들이 경제적인 만족감과 보람을 느낄 수 있는 착한 일자리를 창출하는 게 무엇보다 시급한 과제로 지적됐다.

세계적인 사회적 기업의 대부분은 청년들의 아이디어에서 출발했다. 대표적인 예가 톰스(TOMS)라는 신발 업체다. 이 회사는 2006년 블레이크 마이코스키(Blake Mycoskie)라는 미국 청년이 아르헨티나 여행 중에 얻은 영감에서부터 시작됐다. 전 세계에는 신발이 없는 아이들이 여전히 많은데, 이 문제를 해결할 수 있는 방법이 청연의 머릿속에 떠올랐던 것이다.

그가 고안한 해결책은 소비자가 신발 한 켤레를 구입하면 자동으로 한 켤레를 아프리카나 남미의 저개발국가 어린이들에게 기부하는 시스템이었다. 이 시스템을 통해 톰스는 현재까지 수백만 켤레의 신발을 기부했다. 덕분에 저개발국가의 아이들은 상처 난 발 때문에 생기는 질병으로부터 상당 부분 해방되고 있다. 한 청년의 선한 아이디어가 세상을 바꾼 것이다.

세계적인 청년 스타 셰프인 제이미 올리버(Jamie Oliver)도 세상을 바꾸는 요리로 명성을 더하고 있다. 그는 불우한 청소년들에게 요리 교육을 시키고 직업을 가질 수 있는 기회를 주기 위해 15명의 청소년들과 함께 런던 북부에 '피프틴(Fifteen)'이라는 레스토랑을 차렸다. 이 레스토랑의 구인광고가 재미있다.

올리버의 레스토랑은 신선하고 다양한 건강식을 맛볼 수 있다고 입소문이 나면서 갈수록 번창했다. 그리고 암스테르담과 콘월,

무엇보다 직업이 없어야 합니다. 집이 없거나 가난한 청소년은 더욱 환영합니다. 학교를 중퇴한 사람일수록 좋습니다. 경찰서에 잡혀간 경험이 있거나 교도소에 다녀온 청소년도 물론 환영합니다.

멜버른에 차례로 체인점을 열었다. 이 레스토랑에서 교육을 받은 106명의 청소년은 친환경, 자연주의를 표방하는 오가닉 레스토랑 여섯 군데를 창업했다. 자신이 좋아하는 요리를 하면서 세상을 바꿔가는 제이미 올리버는 27세에 대영제국훈장을 받았다.

새로운 기회
사회적 기업과 협동조합

이명박정부에선 사회적 기업의 활성화에 방점을 뒀다. 빵을 예로 든다면 사회적 기업은 '빵을 팔기 위해 고용하는 것이 아니라 고용을 하기 위해 빵을 파는 기업'이라 할 수 있다. 재화와 서비스를 생산하고 판매해 돈 버는 기업이지만 그 동기가 사주와 주주의 이익 실현이 아니라 사회적 목적을 실현하는 데 있는 기업이다.

사회적 기업은 비영리기관과 영리기업의 중간적 성격을 띠며 제3의 경제 섹터로도 불린다. 그리고 사회복지 선진국인 유럽 국가들에서 활발하게 활동하고 있다. 이탈리아의 경우는 헌법에 사회적 기업에 대한 필요성이 명시되어 있고, 교과서에도 이들 기업의 활동이 자세히 소개되어 있을 정도다.

세계적으로 널리 알려진 대표적인 사회적 기업으로는 출판기업인 빅이슈(The Big Issue)가 있다. 1991년에 바디샵의 창업자인 애니

타 로딕(Anita Roddic)의 남편인 고든 로딕과 존 버드가 설립한 이 회사는 〈빅이슈〉라는 잡지를 출간해 노숙자들로 하여금 길거리에서 판매하게 했다. 그런 다음 판매대금의 일정 비율을 노숙자에게 돌려주었다. 처음 10권은 무료로 제공하고 이후에는 한 권당 정가의 절반 가격에 구입하게 함으로써 그 판매 수익으로 자립하게 도와주는 것이다. 줄리아 로버츠나 리어나도 디캐프리오 등 세계적인 배우들이 재능 기부로 이 잡지의 모델이 되어주기도 했다.

한국에도 1990년대 초반부터 빈민촌에 기반을 둔 생산 공동체를 중심으로 사회적 기업이 태동하고 있다. 2007년 사회적 기업 육성법이 제정되면서 활성화되기 시작해 현재 800여 개사가 정식 인증을 받아 활동 중이다.

대표적인 사회적 기업으로 메자닌아이팩과 노리단 등이 있다. 사회복지재단과 대기업이 손잡고 만든 메자닌아이팩은 물품 운송용 박스를 제조한다. 근로자의 대부분이 탈북자들인 이 회사는 이들의 재활을 돕고 있다. 한편 재활용품을 활용해 예술작품을 만들어 전시하고 공연하는 노리단은 디자인과 네트워크 사업까지 영역을 확대하는 중이다. 모두 청년들의 작은 아이디어와 실천에서부터 시작된 회사들이다.

이명박정부가 사회적 기업을 공생 기업 모델로 육성했다면, 박근혜정부는 협동조합을 키우려 시도하고 있다. 협동조합은 조선시대 향약과 두레 같은 생활 자치규약을 기업화한 것이다. 대표적인 것이 농협이다. 이외에도 퀵서비스와 대리운전 조합은 기본이고, 특산품 유통과 수제화 판매, 다문화가정, 고인의 유품 소각 조합까지 그야말로 협동조합 열풍이 불고 있다.

협동조합기본법이 시행된 2012년 12월 이후부터 이듬해 4월 말까지 집계한 결과, 전국적으로 1,000여 개의 단체가 협종조합 설립을 신청했다. 상부상조와 고용 안정성 등이 특징인 협동조합은 다섯 명만 모이면 누구나 설립이 가능하다. 최저 자본금 규정이 없고 설립 절차가 간소화되면서 수요가 몰리고 있다.

가장 적극적인 이들은 소상공인이다. 부엌가구조합과 수제화조합 등을 만들어 공동 구매와 마케팅에 성공하면 수익이 배가될 수 있기 때문이다. 농업 분야 역시 동일한 유통 네트워크를 이용하거나 공동 상표로 상품을 내놓는 등 협동조합 활동이 활발하다. 한편 이색 협동조합도 줄을 잇고 있다. 다문화가정이 손잡은 '금산다문화협동조합'과, 농촌유학센터를 운영하는 '춘천별빛산골유학협동조합', 광주의 '장례유품소각조합' 등이다.

협동조합은 자본이 없지만 아이디어와 패기, 그리고 열정이 있는 청년들에게 또 다른 기회의 장이 되고 있다. 정부에서 협동조합 특례보증 등 자금 조달을 지원하고 있는 만큼 창업을 꿈꾸는 청년들이라면 관심을 가져볼 만하다.

이제 창업은 남의 얘기가 아니다. 사회적 기업과 협동조합을 통해 더불어 성장하는 따뜻한 기업을 일궈보는 것은 어떨까.

6장

소통과 소명의 시대
박차고 도전하라

청년위원회 설립추진단 활동을 하면서 변화와 도전의 시대정신을 새롭게 정의한 사람을 만났다. 광고·마케팅·컨설팅 분야의 공모전에서 23회를 수상해 '공모전의 여왕'으로 유명한 박신영 폴앤마크연구소장이다.

박 소장에 대해 처음 이야기를 들은 건 청년위원을 추천하는 과정에서였다. 청년위원회 설립추진단의 한 자원봉사자가 그녀의 프로필과 책을 가져왔다. 공모전 23관왕에다 제일기획 출신 미모의 20대 여성이라는 소개 자료만으로도 범상치 않은 인물이라는 걸 알 수 있었다. 인터넷을 검색해 기본적인 자료를 조사한 뒤 주변 평판 조회에 들어갔다.

어린 나이에 이 정도 스펙과 경력이면 적이 있을 만도 한데, 그녀

박 신 영
폴앤마크연구소장

에 대한 주변 평판은 칭찬 일색이었다. 나는 그녀를 만나보고 나서야 그 이유를 알게 됐다. 처음에는 그녀가 기가 센 여자일 거라 지레짐작하고 기선제압을 위해 대한민국 청년에 대해 장황한 설명을 늘어놨다. 어려운 통계치도 남발했고, 청년들을 지금 살려내지 않으면 나라의 미래가 없다는 치기 어린 주장도 쏟아냈다. 한참 동안 내 얘기를 듣고 있던 그녀가 한마디 운을 뗐다.

"이종식 위원님의 말에 공감합니다. 저는 우리나라 청년 한 사람 한 사람이 천하보다 귀하다고 생각하거든요."

그녀의 이 한마디로 모든 것이 정리됐다. 순간 두서없이 뱉어낸 나의 청년학개론이 부끄러웠다. 그녀의 카카오톡 프로필에는 '한 영혼의 영원을 위한 일'이라는 문구가 적혀 있다. 자신의 책이 대학

❝ 자신감과 능력이 넘쳐 도전하는 게 아니에요.
대학교 1학년 때 공모전을 처음 시작했는데 1년 넘게 삽질만 했죠.
그래도 멈추지는 않았어요. 때로 힘에 부칠 때도 있었지만
그걸 느낄 새도 없이 또 다른 액션 플랜을 짜고 도전을 계속했어요.
그리고 제 삶에 변화가 시작됐죠. ❞

에서 부교재로 쓰이고 대학생들이 가장 만나고 싶어 하는 대학생
이었던 그녀는 뜻밖에도 또래들보다 더 온화하고 감성이 풍부했다.
많은 실패를 통해 얻은 내공이리라.

청년위원회 설립추진단에서 그녀가 맡은 인재키움 팀에는 공공
기관에서 파견 나온 나이 많은 팀원부터 대학을 갓 졸업한 젊은이
까지 다양한 사람들이 모여 있었다. 내 자리 근처에 위치한 그녀의
팀에선 늘 웃음소리가 끊이지 않았다. 옹기종기 모이는 스탠딩 회
의가 잦았고, 점심과 저녁 시간을 이용한 브라운백 미팅과 마라톤
회의도 적지 않았다.

SNS에도 팀원들끼리 찍은 사진과 나눈 이야기들이 자주 올라왔
다. 그들은 늘 즐겨 모였다. 주변 팀들은 그녀의 팀워크를 부러워했
는데 이유는 간단했다. 그녀의 소통 방식 덕분이었다. 경청과 애정.

누구의 의견이든 끝까지 듣고 자신이 맡은 일과 사람들에게 애정을 쏟으며 격려하는 자세가 팀원들을 신나게 만들었다.

그녀는 스스로를 '아무것도 아니라서 무한한 사람'이라 소개한다. "처음부터 공모전에 관심 있었던 것은 아니었어요. 여자인 데다 지방대생인 저는 딱히 특출한 게 없었어요. 스스로에 대한 열등감에서 출발했지요. 뭔가 해보고 싶어 남들 다 하는 동아리에 지원했는데 전부 다 떨어졌어요. 그러다 친구의 권유로 광고학회에 들어갔는데, 그게 시작이었죠. 어렵게 학회에 들어가다 보니 매사에 열정이 넘쳤죠. 선배들이 '아이디어 한번 내봐라' 하면 다음 시간에 100개씩 생각해 갔어요."

기본 실력이 없었던 그녀는 가장 먼저 프로들이 작성한 파워포인트 100개를 연구했다. 파워포인트 작성에 어느 정도 감이 생기자 이번에는 창의력을 키우기 위해 하루에 동화책을 200권씩 읽었다. 독특한 문장이 나오거나 기발한 상상이 떠오르면 적어놓았다. 이런 게 쌓여 그녀의 장사(?) 밑천이 됐다.

"지나치게 예민한 감수성도 큰 고민이었어요. 아침 출근길에 슬픈 노래 한 곡을 들으면 하루를 망칠 때가 많았거든요. 이런 제 성격을 알기에 어떻게 하면 논리적으로 대답할 수 있을지 늘 고민하고 연습했죠. 논리정연한 기획서 100여 개를 독파하기도 했고요."

공모전의 여왕으로 유명한 박 소장은 처음부터 승승장구했을까?

"자신감과 능력이 넘쳐 도전하는 게 아니에요. 대학교 1학년 때 공모전을 처음 시작했는데 1년 넘게 삽질만 했죠. 그래도 멈추지는 않았어요. 그렇게 2년 가까이 시도하자 조금씩 성과가 나타나기 시작하더라고요. 때로 힘에 부칠 때도 있었지만 그걸 느낄 새도 없이 또 다른 액션 플랜을 짜고 도전을 계속했어요. 그리고 제 삶에 변화가 시작됐죠.”

그녀의 책 제목이 괜히 ‘삽질정신’이 아니었다. 뚜렷한 소명의식을 가지고 자신의 약점을 제대로 파악한 뒤 이를 극복하며 쉼 없이 도전하는 자세. 구성원들과 끊임없이 대화하고 소통하며 해결책을 찾는 마인드. 그녀의 정신은 바로 ‘후달리는 YES’에서 비롯됐다. 3개월가량 청년위원회 설립추진단에서 그녀와 함께 일하면서 나는 여러 번 초심을 되새겼다.

미래 인재들을 키우고 격려하는 일에서 비전을 찾은 그녀는 청년들의 꿈과 끼를 살리는 교육 프로그램 개발에 매진했다. 그녀의 관심은 단 한 사람의 변화였다. 그녀가 개발한 프로그램을 통해 단 한 사람이라도 소명을 얻고 새로 시작할 힘을 얻게 된다면 지금의 노력이 헛수고가 아니라는 것이다. 변화를 체험하고 도전하는 그 한 사람으로 인해 세상은 훨씬 더 좋아질 테니까.

외부적인 요인으로 인해 청년위원회 설립이 늦어지면서 몇 번의 좌절과 실망을 거듭할 때마다 박 소장은 부드러운 미소로 동료들을 격려했다. 천하보다 귀한 한 사람 한 사람을 위한 길은 이런 청년 리더들의 헌신으로부터 시작됐다.

W시대, H시대를 지나
C시대가 열렸다

청년은 진보적이다? 미래의 주인인 청년들은 현실에 안주하지 않고 사회변혁을 위해 저항할 권리가 있다. 청년 세대들은 새로운 질서를 찾는 데 적극적이다 보니 기성세대에 비해 급진적으로 비쳐져온 것이 당연하다. 사회경제적 급변기에는 이런 현상이 더욱 강하다. 독재와 불평등 사회에서 제도권에 맞서 싸우는 청년들은 어쩌면 당연해 보였다. 그런 모습을 진보적이라 평가해온 것이다.

하지만 이제 '청년=진보, 기성세대=보수'라는 이분법적 사고관은 힘을 잃었다. 1980년대 민주화 투쟁 이후 대통령 직선제 등 새 시대의 열매들이 하나씩 맺히고, 사회주의 동구권이 차례로 몰락하면서 이념적 잣대로 신구 세대를 재단하는 것은 이미 설득력을 잃고 말았다. 운동권 학생회가 1990년대 중반 급격히 몰락한 이유도 여기에서 찾을 수 있다.

청년들은 학내 복지와 일자리 등 실용적인 삶에 관심을 쏟는데, 학생회는 여전히 전근대적인 운동방식을 고수하며 이념 투쟁에 빠져 있었던 것이다. 사회주의 체제의 붕괴를 목도하면서도 북한 정권의 주체사상을 신봉하며 자본주의의 자멸을 기대하는 모습 속에서 진정한 진보주의자들은 등을 돌렸다. 그리고 운동권 스스로가 관료화되고 권력화된 것도 자충수였다.

이제 대한민국 청년들은 내재적으로 다양한 이념을 지향하고 있다. 대내적으로는 양극화를 해소하는 건강한 자본주의와 경제민주화 등을 표방하며 진보적 성향을 띤다. 하지만 대외적으로는 종북주의를 혐오하며 세계 평화와 공생을 바라는 보수적 성향이 강하다. 독도 영유권 분쟁이나 일제강점기에 고통받았던 위안부 할머니들의 문제에 대해선 민족주의적 태도도 보인다.

우리 사회가 군부독재 치하에서 경제의 파이를 키우는 데 치중하던 시절은 시대 구분도 반공과 민주 등의 이념적 지향에 따라 나뉘곤 했다. 하지만 이제 그런 구분법은 더 이상 유효하지 않다. 민주화 이후 대한민국 시대상을 새롭게 구분할 필요가 있다. 대한민국 청년들이 어디에 서 있고 무엇을 바라보고 있는지에 대해 규정하는 일은 시대정신을 일깨우고 미래를 창조하는 동력을 생성케 하기 때문이다.

민주화 이후 대한민국은 크게 세 시대로 구분된다.

먼저 민주화 열풍 직후인 1980년대 중반부터 2000년대 중반까지는 'W시대'로 요약된다. 국민 개개인이 복지(Welfare)와 삶의 질(Wellbeing)에 눈을 뜨게 된 시기다.

다음으로 경기침체와 가족의 몰락으로 상처받은 사람들이 대안을 모색하게 된 'H시대'다. 이 시대의 특징은 위로와 자기치유(Healing)를 추구하고 성공보다는 행복(Happiness)을 찾게 된 것이다.

마지막으로 자신이 정말 좋아하고 잘하는 일을 완수하며 누군가에게 필요하다고 여겨질 때 진정한 행복을 느끼는, 소명(Calling)이 중요한 'C시대'다. 구성원 간, 세대 간 소통(Communication)이 경쟁력을 좌우한다. 세계경제의 불황이 장기화되는 가운데 도전(Challenge)을 통해 어려운 환경을 변화(Change)시키는 진취적인 삶이 요구되는 시기다.

W시대: Welfare & Well-being

1980년대 중반부터 1990년대 후반까지 한국 사회는 '복지'가 지배했다. 1980년대 중반부터 민주화 투쟁이 가열되면서 근로자의 인권과 국민의 복지 문제가 화두로 제기됐다. 전두환 대통령은 반대파의 여론을 잠재우기 위해 '복지국가 건설'을 슬로건으로 내세우기도 했다. 복지선진국 사례가 급속히 전파되면서 사회적으로 복지 관련 이슈와 예산이 크게 증가한 시기다.

1990년대 후반부터 2000년대 중반까지는 '웰빙' 열풍이 불었다. 이때는 자유민주주의 정착과 급격한 경제적 성장의 열매들이 맺혀가던 시기다. 국민들은 각자의 삶의 질 문제에 집중하기 시작했다. 단순히 병이 없는 상태가 아니라 신체적·정신적·사회적, 그리고 영적으로 완전히 양호한 상태에 관심을 쏟게 됐다. 웰빙을 넘어 웰리빙(Well-living, 잘살기)과 웰다잉(Well-dying, 잘 죽기)에 이르기까지 쾌적하고 건강한 의식주 개발이 전 사회적으로 큰 이슈가 됐다.

H시대: Happiness & Healing

2000년대 중반에는 '행복'이 사회를 지배했다. 경제 규모를 키우는 국가 주도적 사회에서 국민 개개인의 삶의 질과 행복을 추구하는 사회로 패러다임의 전환이 일어나는 시기다. 성공보다는 행복을 추구하는 젊은 세대들의 욕구도 커졌다. 이를 반영해 2012년 대통령 선거 과정에서 후보자들은 '국민행복시대', '저녁이 있는 삶' 등 행복에 초점을 맞춘 선거 전략을 펼쳤다.

2010년대 초반에는 '힐링' 열풍이 불었다. 미국발 금융위기로 촉발된 경기침체가 장기화되면서 사회경제적으로 위축된 상황이 지속됐다. 사회 양극화와 고용 불안, 묻지마식 범죄 급증 등 급속한 경제발전 과정에서 간과됐던 사회문제들이 한꺼번에 쏟아져 불

안정성이 높아졌다. 이에 '몸이나 마음의 치유'를 받고 싶은 욕구
가 커지면서 힐링에 관한 문학, 음악, 하우스, 음식 등이 크게 유행
했다.

C시대: Calling & Communication, Challenge & Change

현재 한국 사회를 지배하는 키워드는 네 가지로 정리할 수 있다.
소명과 소통, 도전과 변화가 그것이다. 소명은 '천직(天職)'을 뜻한
다. 인간은 자신이 좋아하는 일과 잘하는 일을 깨닫고 그것을 완수
하면서 진정한 행복을 느낄 수 있다. 개인의 만족을 추구하고 정서
적 안정감을 느끼는 웰빙과 힐링을 넘어 더불어 살아가는 삶의 소
명을 이뤄가면서 참된 자아를 찾고 행복을 느끼는 삶을 추구한다.
함께 멀리 가기 위해서는 세대 간, 구성원 간 원활한 소통이 필수적
이다. 소통의 구심점에 서는 청년이 미래를 창조한다.

한편 한국 경제가 일본과 같은 저성장경제에 접어들면서 새로운
가치와 자본을 창조해내는 청년들의 도전만이 위기를 극복할 수 있
다는 믿음이 커졌다. 개인적인 웰빙과 위안에 안주하는 것이 아니
라 사회 발전을 위해 도전하고 이를 통해 사회변화와 변혁을 꾀하
는 진취적인 삶이 주목받는다. 바야흐로 미래 창조 인재들이 활약
할 수 있는 시대가 왔다.

'성공했니?'보다
'행복하니?'를

　　　　　　　　힐링과 더불어 H시대에 또
하나의 키워드는 행복이다. 새 정부도 국정 비전을 기존 국가 중심
주의에서 '국민 행복'으로 초점을 바꿨다. 갈수록 사는 것이 팍팍해
지다 보니 행복을 꿈꾸는 사람이 많다. 그런데 우리는 행복의 선행

세대별 성공한 인생이란

10대에는 좋은 부모 만나면,
20대에는 좋은 대학 다니면,
30대에는 좋은 직장 다니면,
40대에는 술자리에서 2차 쏠 능력 되면,
50대에는 자녀들이 좋은 대학 다니면,
60대에는 아직 일하고 있으면,
70대에는 본처에게서 밥상 받으면,
80대에는 찾아오는 사람이 있으면,
90대에는 전화 오는 데 있으면,
100세에는 아침에 눈뜨면 성공이다.

조건으로 성공을 꼽는다. 즉 성공을 해야 행복하다는 것이다. 최근 한 온라인 커뮤니티 게시판에 '세대별 성공한 인생이란'이라는 제목의 글이 공개되자 누리꾼들이 크게 공감했다. 그 내용을 옮겨보면 위와 같다.

웃기면서 슬프고 슬프면서 웃기는 글이다. 각박한 요즘의 세태를 잘 대변하고 있으니 말이다. 진정한 성공이란 무엇일까? 성공한다고 해서 과연 행복해질까? 성공이란 무지개나 신기루 같아 다가가면 사라지는 것은 아닐까? 2013년 3월, 미국 네브래스카주립대에 다니는 한 여대생이 경제전문지 〈포천*Fortune*〉이 주최한 '여성과 일'이라는 강연회에서 세계적인 주식 투자가 워런 버핏에게 물었다.

여대생: 과거에 배운 교훈들을 돌아볼 때 성공을 어떻게 정의하세요?

버핏: 어떤 사람들은 성공이란 원하는 것을 많이 얻는 것이라고 생각합니다. 성공을 해야 행복하다고 느낀다는 겁니다. 하지만 내 나이가 되면, 당신이 사랑해줬으면 하는 사람이 당신을 사랑해주면 그게 성공입니다(버핏은 2013년 현재 82세다). 당신은 세상의 모든 부(富)를 다 얻을 수도 있고 당신 이름을 딴 빌딩들을 가질 수도 있겠죠. 그러나 사람들이 당신을 생각해주지 않으면 그건 성공이 아닙니다. 모든 사람들이 다 막대한 부를 얻을 수 있는 것은 아닙니다. 그래도 자녀들이, 함께 일하는 사람들이, 그런 사

람들이 당신을 사랑한다면 나이가 든 후 오랫동안 당신은 성공한
겁니다.

버핏의 대답을 듣고 있던 〈포천〉 편집장인 패트리샤 셀러즈
(Patricia Sellers)는 멋진 대답이라고 맞장구쳤다. 그러자 버핏이 이런
생각을 갖게 된 배경을 설명했다.

버핏: 오마하에 벨라 아이젠버그란 여성이 있었습니다(버핏은 오
마하에 살고 있다). 그녀는 폴란드계 유대인으로 제2차 세계대전
때 아우슈비츠 수용소에 수감된 경험이 있었죠. 그녀가 세상을
떠나기 몇 년 전 어느 날 내게 이렇게 말했습니다.
"나는 친구를 사귀는 게 매우 더뎌요. 왜냐하면 사람들을 만날 때
마다 속으로 이렇게 질문하거든요. 저 사람들은 나를 숨겨줄까
하고 말이에요. 당신이 70세나 75세가 됐을 때, 주위에 당신을 숨
겨줄 만한 사람들이 많다면 성공한 거예요. 반대로 아무도 당신
이 어떻게 되든 신경 쓰지 않는다면, 돈이 얼마나 많든 전 상관
안 해요. 그러면 당신은 성공하지 못한 거예요."

미국의 또 다른 전설적인 주식 투자가 존 템플턴도 《행복론
Worldwide Laws of Life》이란 책에서 비슷한 주장을 펼친다. 템플턴
은 사랑을 체험하는 확실한 방법은 사랑을 주는 것이라고 말한다.

"당신이 사랑을 준 그 사람으로부터 사랑을 되돌려받기를 기대
하지 말라. 그 사람이 사랑을 되돌려준다 해도 당신이 주었던 것
과 똑같은 사랑이 아닐 수 있다. 사랑이란 선한 의지의 표현이자
친절이며 지지이고, 배려이자 자비일 뿐 보답이나 대가를 바라는
것이 아니다."

억만장자인 버핏이나 템플턴은 우리 현대인들이 동경하는 성공
한 사람들이다. 이들은 진정한 성공과 행복한 삶은 사람들과의 관
계 속에서 찾을 수 있다고 말한다. 인류 역사상 최고의 베스트셀러
인 성경을 보면, 한국어판의 경우 '성공'이란 단어가 두 번밖에 나
오지 않는다. 대신 비슷한 의미로 '형통'이란 단어가 많이 나온다.
성공과 형통의 차이점은 무엇일까?

성경에서 가장 형통한 사람으로 표현되는 요셉의 삶을 들여다보
자. 예지몽을 꾸는 요셉은 형들의 질투를 받아 노예로 팔려간다. 오
해를 받아 억울한 옥살이까지 하게 된다. 하지만 간수장에게 신뢰
를 얻어 제반 사무를 맡게 되고, 신실한 삶의 태도가 임금에게 알려
지면서 이집트의 총리 자리까지 오른다. 성경에서는 청년들이 요셉
처럼 꿈을 꾸고 신실한 삶을 살 때, 진정한 성공과 형통한 삶, 그리
고 궁극적인 행복을 얻을 수 있다고 말한다.

형통은 요셉처럼 자존감에서 나온다. 세상의 어떤 시기, 질투, 미
움, 억울함, 비참함, 분노, 시련, 고통도 이길 수 있는 것은 바로 자신

에 대한 자존감이다. 형통은 또한 남을 도울 때 나온다. 누군가가 나를 필요로 할 때 인간은 가장 큰 행복을 느낄 수 있다. 신실한 마음으로 남과 더불어 살아가는 행복을 느낄 때, 형통한 삶을 살 수 있게 된다. 성공과 형통의 차이점은 자존감과 공생의 마음에 있다.

이제 친구에게, 그리고 스스로에게 '성공했니?'라고 묻기보다는 '형통하니?' 혹은 '정말 행복하니?'라고 물어보자.

힐링 시대의
초라한 민낯

지난 몇 년간 대한민국에는 힐링 열풍이 불었다. 서점가에는 마음의 상처를 치유하고 달래기 위한 스님이나 교수의 힐링 서적들이 베스트셀러가 됐다. 자연식 요리와 같은 힐링 푸드, 명상 걷기 등의 프로그램으로 진행되는 힐링 여행, 템플스테이나 기도원 등에서 마음을 정화하는 힐링 캠프, 마음의 안식을 주는 힐링 하우스, 평안과 안정을 찾는 데 유용한 힐링 음악 등 온통 힐링 세상이었다. 방송가도 힐링을 주제로 한 토크와 강연, 예능이 봇물을 이뤘다. 이 틈을 타 아로마 용품 같은 힐링 상품들도 쏠쏠한 재미를 봤다.

힐링의 사전적 의미는 '몸과 마음의 치유'다. 일반적으로는 '환자나 일반인이 자기복원성에 기초해 보완, 대체의학 혹은 자연치유학을 통해 육체적·정신적 건강 회복과 증진을 도모하는 행위'로 정의된다. 이처럼 힐링은 일종의 대체의학적 관점에서 시작됐다. 힐링의 의미에는 전 시대에 유행했던 복지와 웰빙의 개념도 내포돼 있다. 한국에서는 주 5일제가 정착되면서 힐링 문화는 더욱 활성화됐다. 야근과 특근 수당보다 편히 쉬고 여가를 즐기는 삶이 보편화됐기 때문이다.

사실 힐링은 최근에 새롭게 만들어진 개념이 아니다. 종교계가 이미 꽤 오래전부터 추구해오던 가치다. 한국 기독교에서 힐링이란 단어가 처음 등장한 것은 1993년 무렵이다. 한 교회가 미국에서 들여온 교육 프로그램의 명칭에 이 단어가 들어가 있었다.

2003년에는 릭 워런(Rick Warren)의 《목적이 이끄는 삶*The Pur-pose Driven Life*》과 같은 명상서가 국내에서 큰 인기를 끌었고, 이후 위로와 힐링의 메시지를 담은 조엘 오스틴(Joel Osteen)의 《긍정의 힘*Your Best Life Now*》이 베스트셀러가 되기도 했다. '긍정'과 '목적'이라는 단어가 주는 의지적 힐링 효과와 더불어 반대편에는 하버드대 박사 출신의 이용규 선교사가 쓴 《내려놓음》이 큰 공감을 얻었다.

한국 불교계에서는 2000년대 들어서 힐링이란 말을 적극 활용하기 시작했다. 특히 2002년 한일월드컵을 계기로 템플스테이를 시작하면서 힐링 효과를 전면에 내세웠다. 속세를 벗어나 온전한 휴식과 사유의 시간을 갖는 힐링은 불교사상과 맥을 같이했다.

힐링에 대한 사회적 관심이 크게 높아진 배경에는 법정 스님이 계신다. 법정 스님의 무소유 가르침은 물질만능으로 치닫는 우리 사회에 경종을 울렸다. 이후 건강식을 대변하는 선재 스님의 사찰 음식, 전국적으로 개최된 법륜 스님의 즉문즉설 법회, 대중 스타로 자리 잡은 혜민 스님의 저술 활동 등이 힐링 문화를 증폭시켰다.

이처럼 힐링의 시작과 확산에 종교의 역할이 컸지만 아이러니하게도 힐링이 상품화되고 상업 문화로 변질된 것도 종교 때문이었다. 종교가 사회적 지탄의 대상이 되면서 종교로부터 오는 힐링의 효과가 감소되고 상업적 영역의 힐링이 부각되기 시작한 것이다.

최근 기독교는 교회 세습과 호화로운 성전 건축 논란은 물론 잊을 만하면 터져 나오는 성직자의 성추행 파문 등으로 홍역을 앓고 있다. 불교계도 도박과 폭행 파문에 얼룩지고 끊임없이 이어지는 성(性) 스캔들과 종단 간 밥그릇 싸움에 불자들은 뒷전으로 밀렸다. 그 틈새를 상업주의가 파고들기 시작했다. 감정을 상품화했고 힐링이 돈 되는 문화 트렌드로 변질돼갔다.

상업주의는 돈이 되는 치유와 위로에 초점을 맞췄다. 끊임없이 성찰하고 이를 통해 도전과 변화에 이르는 참 자아 찾기 과정 등에는 관심이 없었다. 대신에 빠르고 자극적이며 임시방편적 위안을 생산해냈다. 아픈 마음을 치유해 돈 버는 일을 계속하려면 아픔을 근절하기보다는 일시적으로 잠재우는 게 유리하기 때문이었다.

일부 연예인들은 자신의 약점을 극복하고 치부를 가리거나 잘못을 덮는 데 힐링을 사용했다. 좀 더 자극적인 소재로 자신의 스토리를 각색하며 동정을 이끌어냈고, 멘토를 자처하는 사람들은 포장된 스펙을 자랑하고 현란한 언어유희로 사람들을 홀렸다. 하지만 대안을 내놓지 못한 위로와 감정이입은 젊은이들에게 공허함을 남길 뿐이었다.

마음이 채워지지 않은 젊은이들은 값싼 힐링에 안주하다 또 다른 위안거리를 찾느라 전전하고 있다. 상업화된 힐링은 아픔의 원인을 제거하길 원치 않는다. 힐링 문화가 지속되려면 아픔의 원인을 제거하기보다는 증폭해 너 나 할 것 없이 위로를 찾아야 하는 까닭이다. "힐링이 유행하면서 정작 힐링된 사람은 힐링을 통해 엄청난 부와 명예를 얻은 작가와 연예인들뿐"이란 자조적인 얘기가 나오는 것도 어쩌면 당연한 결과라 하겠다.

힐링 과잉 시대에 우리는 과연 힐링을 했는가? 힐링이 급속하게 한국인에게 녹아든 것은 그만큼 산업화 과정에서 입은 상처가 많았기 때문이다. 하지만 힐링이 오히려 상업주의에 물들면서 칠링 이펙트(chilling effect)가 커지고 있다. 청년들을 힐링의 이불 속으로 파고들게 만들어 도전정신과 역동성을 위축시킨 것이다.

우리말로 위축 효과에 해당하는 칠링 이펙트는 역효과가 우려돼 사기가 저하되고 의욕이 상실되는 현상을 뜻한다. 세계적인 경기불황과 멘토가 사라진 불안의 시대에 일부 청년들은 상업화된 힐링에 파묻혀 삶을 개척해나갈 의욕을 잃어가고 있다.

나의 소명은 무엇인가

쫓아오던 햇빛인데
지금 교회당 꼭대기
십자가에 걸리었습니다.

첨탑(尖塔)이 저렇게도 높은데
어떻게 올라갈 수 있을까요.

종소리도 들려오지 않는데
휘파람이나 불며 서성거리다가,

괴로웠던 사나이,
행복한 예수 그리스도에게
처럼
십자가가 허락된다면

모가지를 드리우고
꽃처럼 피어나는 피를
어두워 가는 하늘 밑에
조용히 흘리겠습니다.

-윤동주, '십자가'

윤동주의 '십자가'는 중고등학교 시절, 누구나 한 번쯤은 한 줄 한 줄 곱씹으며 의미를 되새겼을 것이다. 시인은 일제 치하의 어두운 시대에 무기력하게 사는 자기 자신에 대한 자책과 현실적인 괴로움을 시를 통해 토로했다. 그리고 시인 자신도 결국 십자가를 진 예수처럼 민족을 위해 스스로 희생하겠다는 소명의식을 표명했다. 실제로 청년 윤동주는 29세의 젊은 나이에 일본 옥사에서 조용히 피를 흘리며 죽어갔다.

동서고금을 막론하고 인간을 인간답게, 때로 고통스럽더라도 행복을 느낄 수 있게 해주는 원동력은 자신이 무엇을 좋아하고 무엇을 잘하는지 알고 그 일을 완수하며 느끼는 소명의식이다.

2002년에 전역을 했을 때, 내 통장에는 2,000만 원이 넘는 돈이 있었다. 최전방에서 장교 생활을 하며 휴가도 자주 못 나오고 돈 쓸 일이 없다 보니 뜻밖에도 많은 돈을 저축하게 된 것이다. 나는 군 시절부터 꿈꿨던 자원봉사 단체를 만드는 데 쓸 돈과 언론사 시험 준비에 필요한 비용을 제하고 남은 돈으로 해외여행을 떠나기로 결정했다. 그동안 고생한 스스로에게 상을 주고 싶었다.

우선 영어 공부도 할 겸 북미를 둘러보기 위해 캐나다 토론토로 향했다. 거기서 우연히 한국 기독교 청년들의 모임인 '코스타코리아'란 행사에 참석했다. 'The calling, 소명'이라는 주제로 열리는 강연이었는데 강연 내용은 대략 이랬다.

직업을 뜻하는 영어 단어 'vocation'은 직업을 하늘이 내려준 소리(voice)이므로 천직으로 여기고 최선을 다하라는 뜻을 담고 있다. 청년 리더들은 역사적으로 세상에서 빛과 소금의 역할을 해왔다. 이런 사람들의 공통점은 자신의 일을 그저 먹고사는 수단으로서 생각하는 것이 아니라 하늘이 보내준 소명으로 여긴다는 것이다. 따라서 소명의식을 갖고 사는 것과 그렇지 않은 삶은 커다란 차이를 보일 수밖에 없다.

강연은 사회변혁가를 비전으로 삼고 첫 직업으로 언론인을 선택한 내게 더할 나위 없는 교훈을 주었다. 소명의식이라는 단어만 가슴에 새기고 귀국해도 아깝지 않은 여행이라는 생각이 들었다.

그 길로 나는 여행 계획을 전면 수정했다. 남들이 다 가는 유명 여행지에 들러 인증샷을 찍고 돌아오기보다는 나의 소명이 무엇인지 깨닫고 돌아가는 여행을 하고 싶었다. 나는 가장 먼저 다양한 강연과 세미나, 영성 수련회를 찾아다녔다. 캐나다와 미국은 종교단체뿐만 아니라 대학과 NGO 단체에서도 자아 성찰을 목적으로 하는 다양한 프로그램을 연중 내내 실시하고 있었다. 나는 9개월 동안 그들과 어울리며 내 삶을 터놓고 얘기했고, 내가 태어난 의미와 소명의식에 대해 많은 생각을 하게 됐다.

박성수 이랜드 회장도 평소 특강을 통해 소명의식을 강조한다. 그의 지론은 이렇다.

"입사원서를 받아보면 대부분 구직자들이 자아실현과 생계유지를 위해 직업을 갖는다고 말한다. 하지만 잘못된 직업관과 성공관 때문에 각종 구조적인 악과 부정부패가 나오는 법이다. 이랜드의 기업 철학은 직업을 일이 아닌 소명으로 여기라는 것이다. 돈의 노예가 되지 않기 위해서는 세상의 빛과 소금의 역할을 어떻게 감당할 수 있을지 늘 고민해야 한다."

소명의식은 거창한 것이 아니다. 힐링이 주는 한시적인 위안에서 벗어나 자기 직업을 사랑하고 그 직업에 관련된 사람들과 더불어 행복하고자 하는 마음에서 출발한다.

서울에서 시내버스를 운전하는 고창석 씨의 이야기를 들어보자. 10여 년간 양천구와 서울역을 오가는 603번 버스를 몰아온 그는 DJ 버스 기사로 유명하다. 가요와 팝송 5만 3,000곡이 저장된 노트북을 장착한 고 씨의 버스는 단골 승객들의 표정과 상황에 따라 분위기 전환을 위한 노래를 즉석에서 틀어준다.

고 씨에게는 특별히 기억에 남는 승객이 있다. 3~4년 전쯤 버스에 탔던 부부가 그들이다. 차비를 내달라는 부인의 말에 들은 척도 안 하는 남편을 보고 고 씨는 곧바로 사랑에 관한 음악을 틀었다. 그런 다음 헤드셋을 통해 이렇게 말했다.

"부부는 약속으로 반쪽이 만난 인연이죠. 그래서 상대가 싫어도 잘했다고 해주고 또 용서해야 사랑이 완성됩니다."

조금 뒤 따로 앉아 있던 남편이 부인 옆 자리를 옮겨가 슬며시 손을 잡더란다. 남편은 내리면서 고 씨에게 고맙다고 인사하고 나중에 밥을 사겠다며 이렇게 말했다.

"내일 이혼하러 법원에 가기로 했는데, 기사님 말씀을 듣고 다시 생각하기로 했습니다. 정말 고맙습니다."

고 씨는 군 제대 후 서울에 올라와 산전수전 다 겪다 지인의 소개로 버스 운전을 시작했다. 그동안 열심히 일한 덕분에 운전을 한 지 2년 만에 1,200만 원의 빚을 모두 갚았고 차츰 생활이 안정됐다. 그는 기왕 일할 거라면 즐겁게 해야겠다고 마음먹고 그때부터 버스 안에 음악을 틀고 다녔다. 그러다 2003년 2월부터 본격적으로 DJ를 시작했는데, 지금까지 국내외 가수와 노래 정보를 모은 노트만 20권이 넘는다고 한다.

모든 일에는 가치가 있다. 마음먹기에 따라 어떤 일이든 성직(聖職)이 될 수 있다. 전문가를 뜻하는 '프로페서(professor)'라는 단어는 '맹세하다, 서약하다(profess)'라는 말에서 나왔다. 하늘이 내려 주신 소명으로 알고 최선을 다하겠다는 맹세를 한 사람이 전문가인 것이다.

직업 중에는 임용 전에 서약을 다짐하는 것이 있다. 대표적인 것이 의사의 '히포크라테스 선서'와 '검사의 선서'다. 히포크라테스 선서는 '의학의 아버지'로 불리는, 고대 그리스의 의학자인 히포크라테스가 말한 의료의 윤리적 지침이다. 그리고 검사의 선서는 정의를 실현하고 인권을 수호하는 공익의 대표자로서 검사가 지녀야 할 자세와 마음가짐을 담은 것으로, 검사 취임 때 반드시 선서하도록 대통령령으로 규정하고 있다. 이들 선서의 전문을 옮겨본다.

이제 의업에 종사할 허락을 받으매 나의 생애를 인류 봉사에 바칠 것을 엄숙히 서약하노라.

나의 은사에 대하여 존경과 감사를 드리겠노라.

나의 양심과 위엄으로서 의술을 베풀겠노라.

나의 환자의 건강과 생명을 첫째로 생각하겠노라.

나는 환자가 알려준 모든 내정의 비밀을 지키겠노라.

나의 위업의 고귀한 전통과 명예를 유지하겠노라.

나는 동업자를 형제처럼 생각하겠노라.

나는 인종, 종교, 국적, 정당정파, 혹은 사회적 지위 여하를 초월하여 오직 환자에게 대한 나의 의무를 지키겠노라.

나는 인간의 생명을 수태된 때로부터 지상의 것으로 존중히 여기겠노라.

비록 위협을 당할지라도 나의 지식을 인도에 어긋나게 쓰지 않겠노라.

이상의 서약을 나의 자유 의사로 나의 명예를 받들어 하노라.

나는 이 순간 국가와 국민의 부름을 받고 영광스러운 대한민국 검사의 직에 나섭니다.

공익의 대표자로서 정의와 인권을 바로 세우고 범죄로부터 내 이웃과 공동체를 지키는 막중한 사명을 부여받은 것입니다.

나는 불의의 어두움을 걷어내는 용기 있는 검사, 힘없고 소외된 사람들을 돌보는 따뜻한 검사, 오로지 진실만을 따라가는 공평한 검사, 이해와 신뢰를 얻어내는 믿음직한 검사, 스스로에게 더 엄격한 바른 검사로서, 처음부터 끝까지 혼신의 힘을 기울여 국민을 섬기고 국가에 봉사할 것을 나의 명예를 걸고 굳게 다짐합니다.

이들 선서문 속에는 이웃과 공동체를 위한 봉사와 헌신의 소명의식이 담겨 있다. 어떤 의사와 검사든 선서할 당시의 초심을 떠올리면 가슴이 뛸 것이다. 이들의 직업은 사람을 살릴 수도 있고, 자칫 잘못하면 죽일 수도 있다. 그렇다 보니 사명감을 높이기 위해 이런 선서가 필요할 수 있다.

하지만 이 세상의 직업 중에 이들만큼 중요하지 않은 직업이 있겠는가. 환경을 깨끗하게 하는 환경미화원들의 일을 이들만큼 숭고

하지 않다고 말할 수 있을까. 환경미화원들이 자신들의 직업을 하찮게 여겨 밤새 내린 눈을 대충 치운다면 다음 날 도로는 마비되고 자칫 생명을 위협하는 대형 사고로 이어질 수도 있다.

어느 날 세계적인 작가 셰익스피어가 한 레스토랑을 찾았다. 바닥을 청소하고 있던 종업원이 그를 알아보곤 불평을 털어놓기 시작했다.

"같은 하늘 아래 태어났는데 당신은 위대한 문학가가 됐고, 나는 레스토랑 바닥이나 닦고 있으니 제 신세가 한심합니다."

셰익스피어는 이렇게 답했다.

"하나님이 창조한 이 아름다운 세상을 닦는 것이 얼마나 귀한 일인가. 이 일에 어찌 감사하지 않을 수 있나!"

기업과 조직의 성공에서도 이익뿐 아니라 소명의식이 중시되고 있다. 경영학의 아버지 피터 드러커는 《경영의 실제*The Practice of Management*》라는 책에서 "이익만을 강조하는 것은 경영자가 기업을 생존의 위험에 빠뜨릴 수 있는 지점에까지 이르도록 오도한다"고 말했다.

피터 드러커 재단의 설립자인 프랜시스 헤셀바인(Frances Hesselbein)도 "미래의 조직은 소명의 조직"이라고 말했다. 그는 경영자를 중심으로 하는 스타 시스템이 끝나고 동반자의 시대가 왔다며 자신이 속해 있는 조직이 남다른 성과를 낼 수 있도록 해야 한다고 강조했다. 그는 문제의식을 찾아내고 소명과 혁신, 그리고 다양성에 기초한 효과적인 동반자 관계를 형성하는 것이 지도자의 임무라고 강조했다.

이들의 조언에 따라 일부 기업들은 회사의 사명선언서를 작성하거나 혹은 구성원 개개인이 업무에 따라 소명선언문을 작성하는 것을 장려하고 있다. 세상에 어떤 일이든 숭고한 가치를 지니지 않은 것은 없다. 의사나 검사와 같은 전문직종만 소명선서를 하라는 법은 없다.

우리도 자신의 직업에 관한 선서문을 작성해보는 것은 어떨까? 예를 들어 '기자 이종식의 선서' 같은 것 말이다. 아니면 직장 이름을 걸고 선서문을 쓰고 공유하는 것도 좋을 듯하다. 예를 들어 '삼성인의 선서', '고용노동부의 선서' 등을 들 수 있다. 노동조합이 나서서 숭고한 노동의 가치를 상기하고 회사는 물론 이웃과 국가를 위한 역할을 규정하는 선서문을 작성한다면 사측도 공감할 것이다.

소통과 도전, 변화의
시대정신

청년위원회 설립을 준비하면서 만난 수많은 기업 관계자들이 조직의 성공과 실패 요인에 대해 다양한 진단을 내놓았다. 한 가지 공통점은 그들이 하나같이 소통의 여부를 꼽았다는 것이다. 분단 이후 지난 60년간 우리 경제는 압

축 성장을 하며 기업 구성원 간, 세대 간 갈등이 큰 골칫거리로 등장했다. 이런 갈등을 방치하면 생산성이 떨어지고 많은 비용이 발생해 조직의 경쟁력을 갉아먹을 수 있기 때문에 이를 해소하는 것이 조직의 주요 과제가 되고 있다.

현재 우리나라 기업에는 네 가지 세대가 공존하고 있다. 산업화 세대(1955년 이전 출생), 베이비붐 세대(1960년대 중반까지 출생), X세대(1960년대 후반~1970년대 출생) 그리고 신세대(1980~1990년대 출생)가 있다. 미국은 2000년대 초반부터 기업 내 다세대 공존시대가 열렸다고 간주하고 공생 방안을 연구해왔지만 우리의 사정은 그렇지 못하다. 급격한 사회변화의 여파로 세대 간 경험이 상이해 세대 갈등이 증폭돼왔고, 기업이 이에 대응하지 못하다 보니 유능한 인재들이 떠나고 있다.

이런 세대 간, 구성원 간 소통의 단절은 기업뿐만 아니라 가정, 학교 등에서도 잠재적인 사회문제로 대두되고 있다. 일부 대기업에서는 소통의 단절을 해소하지 않고서는 성장을 꾀할 수 없다는 판단 아래 여러 가지 방안을 연구하고 있지만, 대다수 기업들은 해결 방안을 모색할 의지와 여력이 없다. 이 때문에 요즘 기업들은 신입 사원의 자질 중 소통 능력을 으뜸으로 꼽고 있다.

우리는 흔히 매니저와 리더를 비슷한 개념으로 이해할 때가 많다. 하지만 매니저의 삶과 리더의 삶은 차이점이 많다. 둘을 나누는 가장 결정적인 기준은 변화에 대한 태도다. 매니저는 현재 상황을 유지하는 데 초점을 맞춘다. 변혁과 변화의 바람이 불면 이에 순응해 현 상태를 지속 가능하도록 조율하는 역할을 하지만, 리더는 그런 상황에서 주도적으로 도전하고 변화를 일으킨다. 새로운 모멘텀을 창출하기 위해 끊임없이 개발하고 디자인한다.

한편 매니저는 최악의 경우를 상정해놓고 이를 피하기 위한 운영의 묘를 살리려 노력한다. 하지만 리더는 최선의 상황을 그리면서 구성원들을 독려하고 관습에 저항한다. 매니저는 상황이 올바르게 전개되도록 하지만, 리더는 옳은 방향으로 가면서 최선의 것을 이루기 위해 노력한다.

그렇다고 모든 사람이 리더로 살 필요는 없다. 직장이나 학교, 가정에서 상당수의 사람들이 매니저 역할을 요구받기도 한다. 하지만 미래를 창조하는 사람은 매니저가 아니라 리더다. 힐링은 자신을

매니저와 리더의 차이

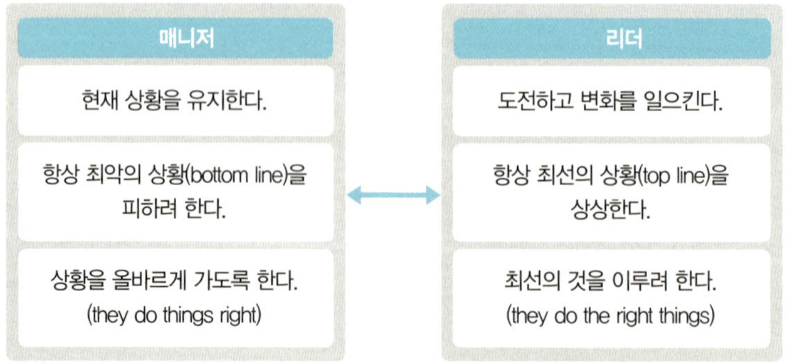

향한 것뿐 아니라 타인에 대한 배려와 사랑을 말한다. 치유를 통해 위안과 안정을 얻었다면, 자신이 무엇을 좋아하고 잘하는지 깨달았다면, 이를 통해 세상을 좀 더 아름답게 바꿔나가는 지혜와 용기가 필요하다. 이것이 바로 미래를 창조하는 리더인 21세기 신크마리가 가져야 할 품성이다.

세상에는 두 가지 계란이 있다고 한다. 스스로 깨지는 계란과 누군가에 의해 깨지는 계란이 그것이다. 다른 사람에 의해 깨지는 계란은 잘돼야 계란 프라이지만 스스로 깨지는 계란은 새 생명을 탄생시킨다. 뱀은 스스로 허물을 벗지 않으면 죽는다. 창조에는 저항이 수반된다. 변화를 위해선 도전이 필요하다. 도전을 해야 변화를 이뤄낼 수 있다. 이런 정신은 세계적 경기 불황에 가장 필요한 청년정신이다. 윤동주 시인이 불의에 저항하고 일제에 도전했던 것처럼 모든 청년들에겐 저항할 권리와 도전할 의무가 있다.

소통과 도전, 변화의 정신은 사실 새롭게 제시된 시대정신이 아니다. 정권이 바뀔 때면, IMF 외환위기와 같은 국난이 닥쳤을 때면, 새로운 가치관과 비전으로 나라의 기틀을 바로잡을 때면 이런 정신이 정권의 핵심 가치로 제시됐다.

박근혜정부도 마찬가지다. 도전적인 창조경제를 통해 '국민이 행복한 희망의 새 시대를 열겠다'는 것을 슬로건으로 내세웠다. 바꿔 말하면 도전과 변화가 강조되는 시기는 그만큼 대내외 여건이 녹록지 않다는 반증이기도 하다.

세계적인 경기 불황으로 살림살이가 팍팍해지고 양극화로 인한 계층 간 격차가 심화되는 한국 사회에서 청년들은 꿈과 끼를 잃어버린 채 88만원 세대, 삼포 세대로 치부되고 일본의 히키코모리(은둔형 폐인) 세대를 닮아가고 있다. 도전과 변화의 정신이 어느 때보다도 요구되는 시대다.

지난 60여 년간 유례를 찾아볼 수 없을 만큼 급격한 사회적·경제적·문화적 변화를 겪은 대한민국은 제2의 사춘기와 같은 격동의 청년기를 지나왔다. 특히 나라가 경제적으로 어렵거나 민주화 요구가 거셀 때마다 대한민국 청년들은 들불처럼 일어나 불의에 저항하고 새로운 가치에 도전했다.

7강

꿈이 춤추는 시간
청년의 때를 누려라

　　장진영은 SBS 〈솔로몬의 선택〉, MBC 〈무한도전〉 등에 출연하면서 일약 스타덤에 오른 변호사다. 소비자의 대변인으로도 통하는 그는 항공사 마일리지 소송을 통해 소비자 주권에 대한 사회적 경각심을 불러일으켰고, 대한변호사협회 대변인으로 활동하면서 국민에게 다가가는 법률 서비스를 제공했다. 경제정의실천연합에서 소비자정의센터 운영위원장도 맡고 있다.

　　현재의 그를 있게 한 힘은 무엇일까? 장 변호사는 스스로를 '모난 돌'이라고 부른다. 불합리한 제도권에 대한 저항과 선한 분노가 들끓는 모난 돌이라는 것이다. 그가 말하는 저항과 도전의 의미는 무엇일까?

　　사실 그는 서른 살에 사법시험에 도전한 늦깎이 고시생이었다.

장 진 영
변호사

혈혈단신이라면 부담이라도 덜했겠지만 당시 그는 먹여 살려야 할 처자식까지 있었다. 잘 다니던 대기업을 때려치우고 나온 터라 가족들의 눈치도 이만저만이 아니었다. 서울 신림동 고시촌에 들어갈 돈이 없어 아버지 집으로 들어가 눈칫밥을 먹으며 독서실에 다녔다.

"이제 막 옹알이를 시작한 딸과 주말마다 만나는 시간이 왜 그리 짧게 느껴지는지……. 아이와 헤어져야 하는 안타까움은 겪어보지 않은 사람은 모를 거예요. 그때 무슨 일이 있어도 3년 안에 고시에 붙어야 한다고 결심했죠."

가족을 고생시키는 가장 노릇에서 하루라도 빨리 벗어나고 싶었던 그는 전쟁터에 나가는 장수의 심정으로 신림동에 첫발을 내디뎠다. 그는 밥을 먹으러 가면서도 책을 읽고, 밥을 먹으면서도 책을 읽었다. 어쩌다 이동하는 시간이 생기면 요점 정리를 녹음해놓은 카세트테이프를 들었다.

두말할 것도 없이 수입은 제로였다. 생활비는 공부하는 틈틈이 고시촌에서 아르바이트를 해서 번 돈으로 해결해야 했다. 그는 고시생들이 버린 책들을 주워 헌책방에 팔아 용돈을 마련하기도 했다. 시험이 끝나는 날은 그야말로 대목이었다. 그 밖에도 닥치는 대로 아르바이트를 했다. 고시생들의 시험지를 채점해주기도 하고, 자신의 공부 경험을 살려 고시 과외도 했다.

그는 5월에 공부를 시작해 이듬해 2월에 1차 시험에 합격했다. 기적 같은 일이었다. 이처럼 짧은 시간 안에 1차 시험 합격의 기쁨을 맛본 건 이후에 공부를 계속해나가는 데 큰 힘이 됐다. 기초가 탄탄하지 못했던 그는 2차 시험 합격까지 그 후로 몇 년 더 걸렸다.

그렇다고 그가 학창 시절에 학생운동과 담쌓고 지낸 건 아니었다. 단지 궁금해하고 관심을 갖는 문제들이 달랐을 뿐이다.

"이를테면 '학교 곳곳에 설치돼 있는 자판기의 수입금은 대체 누가 가져가는 걸까?'와 같은 것들이 궁금했어요. 학생회 친구들이 하는 이야기는 옳은 것도 많았지만, 낡은 이념정치처럼 느껴졌죠. 그 당시 제가 생각했던 것들을 굳이 표현하자면 생활정치라고 할 수 있죠. 그때는 저 스스로가 모난 돌 같았지만 몇 년이 지나자 저처럼 생각하는 후배들이 많아졌어요. 사람들이 점점 더 복지에 관심을 갖게 된 겁니다."

그는 변호사가 되고 나서도 이런 생활 속 궁금증, 특히 소소한 불합리함에 부딪히면 분노와 반발심이 일었다. 대개 모난 돌로 살고자 하는 사람 앞에는 두 가지 길이 놓인다. 세상과 닥치는 대로 부딪히며 조금씩 둥글어지는 길, 아니면 자기 자리를 지키며 자신이 모난 게 잘못이 아니란 걸 증명하는 길이 그것이다. 그가 법을 공부하고 변호사가 되기를 잘했다고 생각하는 건 사회에 합리적이고 긍정적인 영향을 주면서 두 번째 길을 갈 수 있다는 점 때문이었다.

그에겐 여러 가지 별명이 있다. 이 가운데 '마일리지 장'이란 별명은 그를 세상에 알린 매개체이기도 하다. 이 별명이 붙게 된 것은 연수원생 시절에 진행한 카드 마일리지 소송 때문이었다. 이 소송을 처음 시작하게 된 계기는 매우 단순했다.

"내 카드가 이상하니까!"

당시 카드사는 사전 협의도 없이 자체적으로 마일리지를 축소한 뒤 사용자들에게 제대로 설명조차 하지 않았다. 별거 아니라고 생각할 수도 있지만 카드사와 소비자 사이의 약속과 신뢰가 깨지는 일이었다. 처음 이 문제를 접하고 소송을 결심했을 때, 그는 주변 사람들과 많은 의견을 나눴는데, 그때마다 돌아오는 대답은 실망스러운 것들뿐이었다.

"그게 되겠어? 카드사가 그렇게 만만한 상대가 아닌데."

"뭐하러 고생을 사서 해?"

"그냥 그 카드 쓰지 마."

심지어 사법연수원 담당 교수까지 뜨뜻미지근한 반응을 보이자 그는 온몸에 힘이 쭉 빠졌다. 크게 낙담한 그에게 한 친구가 긍정적인 반응을 보였다.

"그래, 그건 다수의 소비자를 위해 매우 중요한 일이 아닌가? 분명히 잘못된 일이잖아."

자신의 생각을 알아주는 사람이 나타났다는 것만으로도 그는 신이 났다. 승패를 떠나 연수원생의 신분으로 사건 하나를 처음부터 끝까지 진행해간다는 것도 큰 의미가 있었다.

카드사는 대형 로펌에 의뢰해 대응을 했고, 꼬박 1년에 걸친 소송전이 이어졌다. 도중에 엄청난 협박도 있었고 주변 사람들이 '적당히 넘어가지' 하는 걱정스러운 눈초리를 보내기도 했다. 하지만 그는 연수원을 수료할 시점에 결국 원고 전부 승소 판결을 얻었다.

그 카드사의 1만 명이 넘는 사용자들도 같은 혜택을 받았다.

디젤차 환경개선부담금 소송의 시작 역시 마일리지 소송과 비슷한 문제의식에서 출발했다. 유럽은 전체 자동차 생산량 중 디젤차의 비율이 절반을 넘는다. 특히 프랑스의 경우, 생산되는 자동차의 70퍼센트 이상이 디젤차다. 디젤차는 가솔린차보다 미세먼지가 더 나온다는 단점이 있지만, 그 외의 다른 화학물질이 덜 나오기 때문에 친환경 자동차로 장려되어 국가에서 보조금을 지급한다.

"소송을 처음 시작한 1998년 당시 제가 몰던 차가 국산 디젤차 갤로퍼였어요. 당시 정부는 유럽과 달리 디젤차에 환경개선부담금을 받고 있었죠. 처음 환경개선부담금이 지정될 당시와는 비교도 안 되게 디젤차의 환경 친화성이 높아졌는데도 세금제도가 따라가지 못하고 있었던 거죠. 조사를 진행할수록 놀랍고 화가 났습니다. 목적에도 맞지 않는 세금을 걷는 건 도둑질이나 다름없다고 생각했어요."

가솔린차가 주를 이루는 한국 자동차산업을 보호해야 한다는 정부의 의도가 짐작됐는데, 이는 오히려 자동차산업의 자생적인 발전을 저해하는 일이었다. 전 세계 자동차산업의 발전 방향이 친환경으로 가고 있는데, 정작 친환경의 정의부터 잘못 내리고 있다고 생각했다.

그는 또다시 분노를 느꼈다. 가게 주인하고 싸우고, 택시 기사한테 언성을 높이는 지질한(?) 분노가 아니라 불합리와 싸우는 '선한

분노'였다. 선한 분노는 우선 분노의 목적 자체가 개인적인 이익이
나 분풀이를 위한 것이 아니다. 사람들은 선한 분노를 통해 세상에
긍정적인 영향을 주고 싶어 한다. 장 변호사는 선한 분노가 많아지
고 그것들이 모인다면 세상은 상식이 통하는, 그야말로 살 만한 곳
으로 금세 바뀔 수 있을 거란 생각이 들었다.

하지만 이상과 현실은 언제나 어느 정도의 괴리가 있는 법이다.
그는 정말 열심히 싸웠고, 주변에서 도와주는 사람들도 많았지만
결국 소송에 지고 말았다. 물론 그의 신념에는 변화가 없었다. 실제
로 소송이 끝나고 얼마 뒤 정부는 스스로 환경개선부담금제도를 폐
지했다. 국산 디젤차를 보호하겠다고 이러저런 조치를 취한 것이었
지만, 디젤차 엔진을 생산하는 국내 기술 발전을 저해해 독일 제품
을 수입해 쓰는 결과를 낳았다.

합리적인 사회는 거저 얻어지는 게 아니다. 주변의 불합리한 것
들을 그냥 지나치지 않는 작은 양심, 그 속에서 약자들을 발견하고
제도권에 맞설 줄 아는 저항감, 그리고 사회적 책임감에서 비롯된
도전들이 모여 자본주의를 좀 더 따뜻하게 바꿔나간다. 아무리 선
한 사람도 웃으면서 싸울 수는 없다. 소송의 달인 '모난 돌' 장진영
변호사는 오늘도 치열하게 싸우며 도전할 거리를 찾고 있다.

청년이란
누구인가

청년(靑年). 파란색도 아니고 녹색도 아닌 푸른 시기! 한자로 풀어보는 청년의 의미는 이처럼 모호하기 짝이 없다. 사전에 수록되어 있는 뜻도 애매하긴 마찬가지다. "신체적·정신적으로 한창 성장하거나 무르익은 시기에 있는 남자 혹은 여자." 사람이 과일도 아니고 무르익다니? 그리고 한창 성장하는 사람이 청년이라면 무럭무럭 자라나는 청소년과는 또 어떻게 다른가.

나이에 따른 구분도 명확하지 않다. 언제부터 언제까지 청년에 해당한다는 기준이 제각각이어서 외려 사회적 갈등의 빌미가 되기도 한다. 한 예로 우리나라에서 청년들에게만 특별히 적용되는 법안이 딱 하나 있는데, 바로 '청년고용촉진특별법'이다.

2010년 제정되고 3년간 한시적으로 시행된 이 법에서 정의하는 청년의 나이는 15세부터 29세까지였다. 이는 통계청에서 구분하는 청년의 나이와 일치한다. 대학과 일자리, 결혼 등 정책적으로 지원이 필요한 나이를 감안한 결과로 보인다.

이 법안의 개정 법률안 일부가 2013년 4월 30일에 국회 본회의를 통과했다. 공공기관 등은 매년 청년 미취업자를 정원의 3퍼센트 이상 의무적으로 고용하라는 내용이었는데, 이에 대해 30대 미취업자들이 발끈했다. 역차별을 받을 수 있다는 이유에서였다. 논란 끝에 결국 만 29세까지인 청년의 나이가 만 34세로 상향 조정됐다. 청년 세대가 제대로 규정되지 않았기에 일어난 사회적 갈등이었다.

다른 법에서는 청년의 나이를 어떻게 규정하고 있을까? 청소년법의 경우에 청소년의 나이는 9~24세이고, 청년에 해당하는 후기청소년의 나이는 통상 15~24세로 보고 있다. 한편 국내 정당에서는 청년의 범위를 45세까지 늘려 잡고 있다. 그 이유는 젊은 당원들이 적기 때문이다. 법 다르고 정당 다르고 그야말로 중구난방인 셈이다.

다른 나라의 경우는 어떨까? 우선 서구 사회에서 청소년이나 청년이란 단어가 어떻게 쓰이는지부터 알아보자. 유엔은 adolescents를 10~19세, youth는 15~24세, young people은 10~24세로 보고 있다. EU의 청소년보고서에서는 정책 대상을 15~29세로 구분해놓았다.

성인에게 주어지는 투표권은 오스트리아(16세) 등 일부 국가를 제외하고는 대체로 18세부터 부여받는다. 그래서 세계적으로 18세를 청소년과 청년의 경계선으로 삼는 경우가 많다. 결국 청년의 시작 나이는 선거권이 부여되는 18~19세로 정리할 수 있지만 몇 살까지 청년으로 보느냐는 각 나라의 문화와 제도, 법률에 따라 달라질 것이다.

더욱이 정책의 대상을 기준으로 하면 나라별 차이가 확연해진다. 우리나라를 비롯해 뉴질랜드, 아일랜드, 네덜란드, 룩셈부르크, 호주 등 상당수의 국가가 청소년의 정책 대상 나이를 24~25세까지 규정하고 있다. 대학 교육을 마치는 즈음으로 정한 것이다.

대한민국 청년 세대 구분

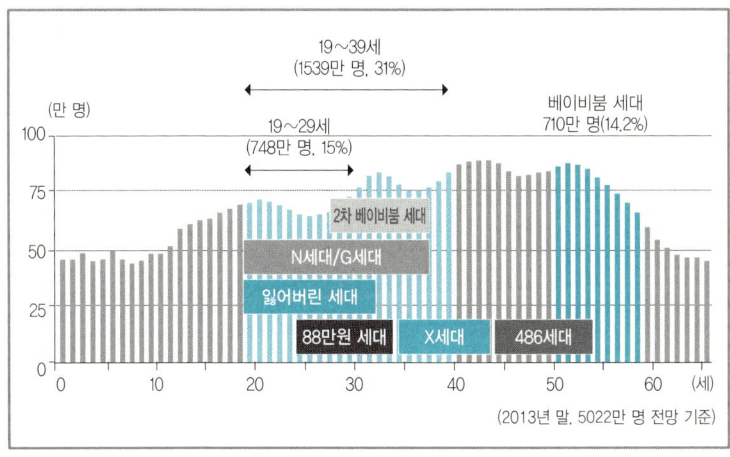

20세기 중반 이후 고등교육이 강화되고 학교에 머무는 시간이 늘어남에 따라 독립적이고 자율적인 성인기의 시작도 미뤄진 측면이 있다. 오스트리아나 독일, 핀란드, 싱가포르, 필리핀 등은 청년을 29세까지로 한정하고 있다. 숫자상 20대까지를 상한선으로 본 것이다. 이웃나라 일본은 고령사회답게 무려 39세까지를 청소년 및 청년 정책의 대상으로 늘려놓고 있다.

그렇다면 청년 세대의 규정이 불분명한 한국은 이 중 어느 나라의 사례를 따르는 것이 적합할까? 이 문제를 놓고 인수위 시절 여러 전문가들과 토론을 벌였다. 상당수가 고령사회 진입에 맞춰 일본의 사례를 고려해볼 만하다는 견해를 내놨다. 즉 청년정책의 적용 대상을 투표권이 부여되는 19세 이상으로 하고, 상한선은 일본처럼 39세 이하로 정하자는 주장이다. 이른바 2030세대로 불리는 연령을 청년으로 규정하자고 주장했다.

청년의 연령대가 정해지면 고령화시대에 맞게 중년은 40~60세, 장년은 61~75세, 노년은 76세 이상 등으로 정의할 수 있다. 이는 60세 이상을 노인으로 취급하는 낡은 인식을 바꾸는 계기가 될 수도 있다. 다만 19~39세에 해당하는 인구가 약 1,539만 명으로 대한민국 전체 인구의 31퍼센트나 된다는 게 문제라면 문제다. 정책 대상이 늘어남에 따라 취업과 결혼, 출산 등 정부 지원 대상이 폭증해 예산상 큰 부담이 될 수도 있다.

이처럼 청년 나이의 상한선을 정하는 문제는 사회적 파급력이 크다. 이 일은 청년발전기본법 제정 과정 등에서 다양한 논의를 통해 조정과 합의 과정을 거쳐야 할 중대한 사안이다.

부모에게 의존하는 어른아이들

청소년정책연구원의 2012년 조사를 보면 청소년기를 지나고도 등록금과 생활비, 취업 비용을 부모에게 의존하는 어른아이, 이른바 캥거루족이 80퍼센트를 넘어섰다. 2012년을 기준으로 한 해 등록금은 평균 601만 원, 주거비와 생활비는 월 평균 80만 원, 하루 평균 아르바이트 시간은 11.3시간에 달했다.

상황이 이렇다 보니 청년들의 삶의 만족도는 세계 최저 수준이었다. 15~29세 청년들을 대상으로 국가별 만족도를 조사한 결과, 영국(7.6)과 미국, 프랑스(7.3)는 물론이거니와 일본(7.2)에 비해서도 한국(6.3)은 현저히 낮았다.[7] 반면에 자살률과 이혼율은 해마다 증가해 세계 최고 수준에 이르고 있다.

사회적으로 상향 이동(upward mobility)의 기회가 감소한다는 인식이 팽배해지는 가운데 인터넷과 스마트폰에서 대리만족을 느끼는 청년들이 급증하고 있다. 사이버 세계에 대한 의존도가 그만큼 높아지고 있는 것이다.

이런 현상에 청년 문제가 중첩되면서 사회적·경제적 여파도 만만치 않다. 우선 취업 연령이 지연되고 근로기간이 축소되면서 개인소득이 감소하고 있다. 내수 침체는 어쩌면 당연한 귀결일지도 모른다. 과도한 취업 준비와 교육투자 비용의 증대로 사회적 부담은 높아지고 그만큼 경제 활력은 떨어지고 있다. 결혼이 늦어지니 출산율이 낮아지는 악순환이 거듭되고 있다.

학자금 대출을 6개월 이상 연체한 학생들이 2009년 2만 2,000여 명에서 3년 새 두 배로 늘었고, 첫 일자리 임시직 비율도 30퍼센트에 달했다. 소위 나라를 짊어지고 나가야 할 청년들이 취업 의욕을 상실한 채 니트족, 캥거루족이 돼 사회의 또 다른 부양인구로 편입되고 있는 셈이다. 결국 이 모든 것이 장기적으로 저소비, 고부담, 저성장, 양극화를 초래해 사회복지비용이 늘어나도록 부추기고 있다.

그렇다면 대한민국 청년 현실을 타개하기 위해 정부는 어떤 대책을 가지고 있을까? 앞서 살펴본 것처럼 우리나라는 청년에 대한 명확한 규정조차 없다. 물론 이들을 위한 제도나 법률도 존재하지 않는다. 한마디로 청년정책에 대한 고민이 부족한 것이다. 청년 실업률이 사회문제로 대두되면서 청년 일자리에 관한 정책과 제도를 모색하고 있지만 정책 대상이 모호하다 보니 효율적인 정책 입안이 어려운 게 현실이다.

실제로 대통령직인수위원회 청년특위 위원으로 선임된 후 첫 작업이 모든 부처의 기존 청년정책을 조사하는 것이었다. 그 결과 14개

부처 48개 부서가 청년 관련 정책들을 수행하고 있었다. 주된 업무는 일자리 창출과 창업 지원, 직업능력개발 훈련, 고용 서비스, 국가 장학금 지원 등이었다. 이에 관해 정책별 효율성, 적합성, 시의성 등을 꼼꼼히 따진 결과 여러 가지 문제점이 드러났다.

첫째, 부처 간의 정책이 중복적으로 집행되고 있었다. 대표적인 예로 대학생 창업 지원 업무를 교육과학기술부(현 교육부)와 중소기업청이 상호 협의 없이 진행하고 있었다.

둘째, 연관된 업무를 하고 있지만 조율하는 컨트롤타워가 없어 효율성이 떨어지는 사례도 많았다. 이를테면 고용노동부가 해외 일자리 관련 업무를 주관하고 있지만, 교육과학기술부가 해외 인턴 사업을 따로 진행하고 있었고, 외교부 산하 한국국제협력단(코이카)은 해외 기술 지원과 봉사 업무를, 지식경제부(현 산업통상자원부) 산하 대한무역진흥공사(코트라)는 해외 취업 및 창업 관련 정보 수집 업무를 맡고 있었다.

게다가 부처 간 업무 협의가 거의 이뤄지지 않다 보니 정책이 중복되거나 누락되기 일쑤였다. 실제로 지난 4년간 글로벌 청년 인재 육성사업 예산으로 4,800억 원을 지출했지만 만족스러운 결과를 도출해내지 못했다.

셋째, 청년과 소통하는 업무를 주로 담당하거나 혹은 신뢰 사회 구축을 위한 청년 리더십 그룹을 양성하는 주무부처가 존재하지 않았다.

학계에서도 청년에 대한 제대로 된 연구가 이뤄지지 않고 있다. 독일이나 프랑스의 사회학자들은 10대가 지났음에도 취업이나 결혼, 분가, 출산과 같은 성인기 이행이 지연되고 부모에 의존하는 시기를 후기청소년으로 지칭하고 있고, 이들에 대해 청소년과 달리 구별할 필요성도 제기했다. 국내 일부 학자들도 최근 들어 청소년 법상 후기청소년기라는 개념을 만들어 청년 세대를 해석하려는 노력을 하고 있다.

하지만 취업과 연애, 결혼, 주거, 출산 등이 복합적인 문제로 나타나는 청년들을 제대로 범주화시키지 못하고 있는 게 현실이다. 패배주의와 일시적 위로에 기대는 힐링에서 벗어나 능동적이고 도전적인 미래 창조형 인재를 키워내고 발굴하는 일, 청년과 소통하고 눈높이 정책을 만드는 일, 새로운 가치를 창조하는 청년 세대를 지원하는 일이 시급한 상황이다.

불굴의 청년정신이 살아 있는 나라

고고학과 인류학의 관점에서 몽골인과 한국인은 한 핏줄에서 비롯됐다고 볼 만한 근거가 많다고 한다. 그중 하나가 파란 몽고반점이다. 몽골과 한국의 신생아 90퍼센트에서 발견되는 몽고반점뿐만 아니라 제주도 사람들은 아직도

200개가 넘는 몽골 단어를 사용하고 있다. 이밖에도 두 나라 국민은 외모, 생활방식, 언어, 문화유산 면에서 많은 유사점을 갖고 있다.

갑자기 몽골을 얘기하는 이유는 뿌리가 같을 수 있는 두 민족이 현재 경제적·문화적으로 큰 격차를 보이기 때문이다. 이에 대한 일부 학자들의 해석이 흥미롭다. 고대사회 북반구에서 살던 사람들 중 유난히 호기심이 많은 이들이 있었다고 한다. 대다수 사람들이 현실에 안주하며 춥고 척박한 땅에서 하루하루 연명하는 동안, 이들은 추운 북반구를 벗어나기 위해 조금씩 남반구로 이동했다. 좀 더 따뜻한 곳으로, 좀 더 비옥한 곳으로 산과 강을 건너 모험을 하며 내려오다 보니 한반도까지 이르렀다는 것이다.

결국 수천 년 전 호기심과 개척 의지로 충만한 청년정신이 삶의 질을 갈랐다고 주장한다. 이는 상상력에 의한 유추일지라도 일견 타당한 측면이 있다. 우리 조상들은 뚜렷한 사계절을 겪으며 계절을 예측하고 대비하는 삶의 지혜를 발전시켰다. 양력과 음력을 함께 쓰고 젓가락을 사용했다. 세계 최초로 금속활자를 만들었고, 세계에서 가장 많은 발음을 표현할 수 있는 한글도 창제했다.

국운이 쇠하고 나라의 명맥이 풍전등화와 같을 때는 분연히 일어났다. 많은 외침과 내란 속에서도 민족적 정체성을 잃지 않은 저력은 자기를 희생하고 이웃과 나라를 생각하는 공선후사(公先後私)의 청년정신이 살아 있었기 때문이다.

고대 시절부터 이어져 내려오는 청년 리더들의 활약상을 보면 더욱 그렇다. 단군조선의 국자랑부터 고구려의 조의선인, 백제의 무절, 신라의 화랑, 고려의 선랑·국선·제가화상, 조선의 성균관 선비까지 한반도의 청년들은 평소엔 문무겸전(文武兼全)의 실력을 쌓았다. 그리고 국난 때는 죽음을 무릅쓰고 앞장서서 나라를 지켰다.

근현대사 속에서도 이런 기백은 쉽게 찾아볼 수 있다. 100여 년 전에도 청년들은 개화와 독립을 위해 몸을 던졌다. 실례로 갑신정변(1884년), 2·8독립선언(1919년), 광주학생운동(1929년) 등의 주역들은 모두 청년들이었다. 이들의 정신은 후배들에게 이어져 오늘날이 땅에 자유민주주의의 꽃을 피웠다. 전 세계에서 유례를 찾아보기 힘들 만큼 짧은 기간에 민주화를 이뤄냈던 것이다.

2012년 7월, 광주민주화운동에 참여했다가 내란죄로 열아홉에 징역형을 선고받았던 50대가 32년 만에 명예를 회복했다. 그는 1980년 5월 23일 전남도청 시위대에 가담해 실탄을 지급받고 계엄군과 대치한 혐의 등으로 구속됐다. 그해 10월 24일 군사법정에서 징역 장기 1년 6개월, 단기 1년을 선고받았다.

32년이 지난 지금 재판부는 "당시 전두환이 주도한 1979년 12·12사태와 1981년 1월 비상계엄 해제까지 일련의 행위는 군사반란죄와 내란죄에 해당하므로 박 씨의 행위는 헌정질서를 수호하기 위한 정당 행위"라며 무죄 판결을 내렸다. 뜨거운 가슴을 가졌던 청년들 덕분에 대한민국은 민주화가 됐고 지금 우리는 그것을 누리고 있다.

나라와 정의를 위해 목숨을 바쳤던 한민족 청년의 기상은 세계 10대 강국의 초석을 닦았다. 열사의 중동 땅에서, 민주화를 외치던 뜨거운 아스팔트 위에서, 아무도 알아주지 않은 공장 한 귀퉁이에서 이 땅의 청년들은 대한민국을 일으켰다. 강인한 민족성과 뛰어난 지능지수는 그냥 얻은 게 아니다.

미국의 한 주보다도 작은 나라가 어떻게 그처럼 빠른 시간에 전쟁과 분단을 극복하고 세계 10위권의 경제대국을 창조할 수 있었을까? 문맹률 세계 최저, 메모리 반도체와 디스플레이, 조선과 휴대전화, 초고속 인터넷 사용률 등에서 명실공히 세계 1위인 나라. IMF 외환위기를 최단 기간에 극복하고 자동차 생산량 세계 5위와 군사력 세계 톱10 안에 드는 작은 거인. IT산업을 비롯한 정보화와 관련해 타의 추종을 불허하는 대한민국은 아직 불굴의 청년정신이 살아 있는 나라다.

미키 세대
Made in Korea의 이름으로

"조선인은 눈동자가 풀렸고 입은 벌어졌으며 팔다리는 늘어졌고, 가슴은 새가슴에 걸음걸이에 기력이 보이지 않고 안색도 누렇다. 조선인의 용모에는 쇠퇴, 궁색, 천함이 찍혀 있다."

당대 최고의 지식인으로 꼽혔던 소설가 이광수가 1916년 〈매일신보〉에 실은 글이다. 이것은 비단 이광수만의 시각이 아니었다. 식민지 시절, 조선인은 그렇게 서구인의 눈으로 그려졌다. 개화기 계몽적인 지식인들은 조선인들을 대개 왜소하고 지리멸렬하게 그렸다.

사대주의 탓도 있었다. 과거 농경시대에는 좁은 땅에 인구도 적다 보니 존립을 위해 강대국인 중국에 잘 보여야 할 수밖에 없었다. 그리고 한국전쟁의 폐허 속에서는 재기하기 위해 가장 큰 원조국인 미국에 기댈 수밖에 없었다. 1000년이 넘는 세월 동안 사대주의에 젖어 살다 보니 우리는 스스로 얼마나 큰 존재인지 모르고 살아왔다.

1989년 해외여행 자율화 이후 2000년대 초반 배낭여행 족이 가장 많이 찾는 곳 가운데 한 군데가 시내 환전소였다. 당시만 해도 환전소에 태극기 마크를 붙여놓고 원화를 바꿔주는 곳은 거의 없었다. 그저 어디를 가나 일장기가 보였고 엔화가 통용됐다. 어쩌다 한번 환전이라도 하려고 창구 앞에 다가가면 환전소 직원은 으레 "Are you Japanese?"라고 물었다.

동양인에 대한 호기심으로 다가오는 행인들도 가장 먼저 물어보는 것이 일본인, 다음으로 중국인이었다. 겸연쩍게 "I'm Korean"이라고 말해도 어느 나라인지 모르는 외국인이 태반이었다. 가끔은 북한 사람이냐며 김일성과 김정일 부자를 흉내내는 사람도 없지 않왔다. 어떤 이는 귀찮기도 하고 내심 선진국인 일본이 부러워 의도치 않게 일본인 행세를 하기도 했다.

박태환, 김연아 선수의 경기를 보고 대다수 사람들이 한 번쯤 눈시울을 붉혔을 것이다. 사람들은 세계 최고가 되기 위해 그들이 흘렸을 땀과 눈물에 감동했다. 이들의 우승이 우리에게 더욱 각별하게 다가왔던 것은 박태환, 김연아 선수가 우승한 분야가 신체적으로나 제반 여건상으로나 우리가 쉽게 넘볼 수 없는 종목들이었기 때문이다.

수영은 신체적 조건이 가장 중요한 변수여서 타고난 몸집이 크고 유연한 서양 사람에게 절대적으로 유리한 종목이다. 최근 각광을 받고 있는 골프나 피겨스케이팅도 한국에선 불모지나 다름없었다. 이들 종목은 생활 스포츠와는 거리가 멀다 보니 변변한 연습장조차 없을 만큼 인프라가 형편없었다. 이들의 현실은 마치 식민지 시절 왜소했던 조선인, 전쟁의 참화 속에 굶주렸던 피난민, 폐허 속에서 희망이 보이지 않았던 한반도 상황과 크게 다를 바가 없었다.

그런데도 이들은 현재의 불가능을 가능으로 바꿨다. 1998년 US 오픈에서 박세리 선수가 해저드 근처의 볼을 치기 위해 맨발로 물에 들어갔던 장면. 2008년 베이징올림픽에서 181센티미터의 박태환 선수가 장신 선수들 사이에서 제일 먼저 터치패드에 손을 뻗은 뒤 포효하던 순간. 김연아 선수가 2010년 동계올림픽 경기에서 무결점 연기를 펼친 뒤 참았던 눈물을 쏟아내며 링크를 하염없이 돌던 그때. 이들의 모습에서 우리는 한국인의 저력을 실감하고 불굴의 정신을 발견했다.

노력은 한계를 뛰어넘었고 감동은 배가됐다. 인구도 자원도 적은 동방의 작은 나라, 생존을 위해 주변 열강들의 눈치를 봐야 했던 소국, 그 뼈저린 열등감을 이 선수들이 극복했다. 전 세계가 주시하는 스포츠 경기에서 켜켜이 쌓인 소국의 한을 속 시원하게 풀어줬다. 친일파 논란에 휩싸인 이광수조차도 그토록 바랐던 '민족 개조'의 꿈을 이들 청년들이 이루어낸 것이다.

2000년대 대한민국은 확실히 위상이 달라졌다. 세계 어느 도시를 가더라도 삼성이나 현대자동차, LG의 광고물을 손쉽게 찾아볼 수 있다. 동남아시아는 한류 열풍으로 한국인 따라 하기가 대세로 자리 잡았다. '강남 스타일'과 '젠틀맨'이란 노래로 공식 유튜브 조회 수가 30억 뷰를 돌파한 가수 싸이는 한반도 건국 이래 가장 잘 먹고 잘살고 있는 우리 민족의 위상을 단적으로 보여줬다. 세계 곳곳에서 백인 흑인 할 것 없이 'I love Korea'를 외치고 있다.

오늘날 PC에 들어가는 반도체의 절반가량이 한국 기업 제품이다. 한국은 우주에 위성도 쏘아올렸다. 게다가 유엔 사무총장과 세계은행 총재 등 국제사회를 주도하는 리더들이 한국 사람이다. 2000년대 이후 청년 세대는 적어도 자신의 국적이 결코 부끄럽지 않은, 나아가 세계 어디에서도 한국인이 최고가 될 수 있다는 자긍심을 몸소 체험한 첫 세대다. 'Made in Korea'가 세계 1등이 될 수 있다는 저력을 언제나 보여줄 수 있는 잠재력과 능력을 이어받은 세대인 것이다.

나는 이들 세대를 일컬어 'Made in Korea, Youngs'의 준말인 '미키(MiK.Y) 세대'라고 부른다. 한민족의 핏속에 면면히 흐르는 호기심과 개척정신, 좁은 영토와 사계절의 한계를 극복한 지혜와 영민함, 두레와 향약처럼 남을 배려하는 정신이 몸에 밴 착한 민족성. 이런 잠재력을 갖고 있는 오늘날의 청년들은 기폭제만 마련되면 언제든지 세계 최고가 될 수 있다.

☑ 나는 어떤 유형의 청년일까?

나는 과연 어떤 유형의 청년일까? 혹시 몸은 청년인데 정신은 그렇지 못한 건 아닐까? 청년정책과 관련된 교수와 연구원, 공무원, 사업가, 투자가, 언론인 등 50여 명에게 이 시대가 요구하는 청년다움을 조사해 25개 질문으로 정리했다. 다음 질문을 통해 자신의 청년다움을 진단해보고 스스로를 돌아보자.

1. 다음 질문에 해당하거나 전적으로 동의하면 ○, 대체로 맞으면 △, 그렇지 않으면 ×표를 한다.

질문	○	△	×
한국 역사에 대해 잘 알고 있다.			
외국인을 만나도 소통하는 데 부담스럽지 않다.			
창업을 꿈꿔본 적이 있다.			
청년에겐 저항할 권리와 도전할 의무가 있다.			
인문학과 자연과학 두 분야에 모두 관심이 많다.			
통일 이후 대한민국은 기회의 땅이다.			
나만의 좌우명, 철학이 있다.			
일주일에 세 차례 이상 운동을 한다.			
내가 무엇을 좋아하는지 잘 안다.			
나의 꿈과 비전을 찾아 여행을 떠난 적이 있다.			
멘토 또는 멘티가 있다.			
고등학교 졸업 후 경제적으로 독립했다.			
성공보다 행복을 꿈꾼다.			

질문	O	△	×
실패의 쓰라린 경험이 있다.			
하루를 반성하는 시간을 매일 갖는다.			
내가 무엇을 잘하는지 잘 안다.			
해외 정세에 관심이 많고 외국에서 일할 자신이 있다.			
대한민국이 세계 1등 국가가 될 것이다.			
더불어 함께 잘사는 세상을 꿈꾼다.			
신문을 매일 읽거나 뉴스 프로그램을 매일 시청한다.			
사회적 기업이나 협동조합에 대해 잘 알고 있다.			
글을 자주 쓰거나 메모하는 습관을 갖고 있다.			
수입과 지출이 계획적이다.			
비전과 꿈이 명확하다.			
자원봉사 활동 경험이 많다.			
총점			

2. 자신에게 해당되는 문항의 점수를 합산한 뒤 청년다움 자가진단 지수별 유형을 확인한다.

(○: 개수×4점 △: 개수×2점, ×: 개수×1점)

90~100점 현재와 미래의 지도자. 미래 창조와 사회변혁 능력이 출중하다. 자기 철학이 투철하며 실패를 두려워하지 않는다. 뛰어난 글로벌 역량을 갖춰 끊임없이 도전하는 청년이다.

70~90점 예비 리더. 열심히 자기계발을 하고 있으며 성공 경험을 축적하는 과정에 있다. 좋은 멘토를 만나고 자기 자신의 잠재력을 발견한다면 가능성이 무한하다.

50~70점 표준형 청년. 자신이 무엇을 잘하고 좋아하는지 알아가는 중이다. 아직은 자기 철학과 뚜렷한 목표의식이 부족하다 보니 꾸준히 스펙을 쌓아가지만 효율성이 적다. 선택과 집중이 필요하다.

30~50점 현실에 안주하는 청년. 몸은 청년이지만 마음은 청년답지 못하다. 도전의식이 부족한 상태이므로 실력과 자신감, 성실성을 키워야 한다. 자신은 물론 주변을 잘 돌아보지 않아 관계의 문제에 봉착해 있다. 글로벌 기회에 대해 둔감하며 시간을 잘 활용하지 못하는 편이다.

30점 미만 무기력증에 빠진 청년. 몸과 마음이 모두 청년답지 못하다. 일과에 대한 계획이 절실히 요구되며 전문가와 상담을 해볼 필요가 있다. 패배주의와 무기력함에서 벗어나야 하며, 자신의 꿈이 무엇인지 찾는 게 급선무다.

8장

일하고 싶은 당신
넘지 못할 벽은 없다

“대학 평균 학점 2점대 후반, 토익점수 800점대 중반, 자격증 없음.”

특별히 내세울 만한 게 없는 스펙,[8] 아니 웬만한 대기업에선 서류전형조차 통과하기 어려운 수준이었다. 그런데 나는 이 스펙으로 평균 수백 대 1의 경쟁률에 달하는 언론사 시험에 합격했다. 출중한 실력과 다재다능한 끼로 똘똘 뭉친 언론 고시생들이 득실대는 정글에서 어떻게 살아남았을까?

2005년 이미 직장을 다니고 있던 나는 틈틈이 평소에 가고 싶었던 신문사 시험에 응시했다. 우여곡절 끝에 최종 면접에까지 올랐고, 1박 2일 합숙 면접에 들어갔다. 내 경쟁자들은 해외파는 물론이거니와 내로라하는 집안의 자제들이었다.

대부분 해외 연수는 기본이고 토익 점수는 평균 900점대 중반, 학점은 당연히 만점에 가까웠다. 자격증 한두 개를 가진 지원자는 명함도 못 내밀었다. 심지어 나와 같은 영어 면접 조에 속한 한 친구는 면접관의 질문에 불어로 답변하기까지 했다. 당시 면접관이 캐나다인이라 불어에 능통하다는 점을 이용한 것이다. 하필이면 바로 내 앞 차례에서 불어 대화가 쏟아지는 바람에 순간 머리가 멍했다.

하지만 나는 쟁쟁한 경쟁자를 뚫고 합격자 명단에 이름을 올렸다. 합격 이유가 궁금했던 나는 6개월간의 지옥 같은 수습기자 생활이 끝나던 날 면접관이었던 한 선배에게 물었다.

"왜 저를 뽑았어요?"

그는 두 가지를 꼽았다. '일관성과 간절함'이 그것이었다.

오랜만에 8년 전 언론사에 냈던 지원서를 꺼내보았다. 당시 써냈던 경력사항을 가감 없이 공개한다. 다른 응시자들에 비하면 내 경력은 소박할 따름이었다. 물론 내게는 영원히 지울 수 없는 지문 같은 역사이지만 말이다.

학력 및 경력사항

기간	내용
2003. 10 ~ 2005. 10	한국경제TV 기자
2003. 4 ~ 2003. 10	오마이뉴스 시민기자
2003. 4 ~ 2003. 6	한겨레문화센터 기자학교 22기 수료
2002. 6 ~ 현재	SUZUKU 용인 수지, 죽전, 구성 20대 자원봉사 모임 회장(회원 수 400여 명)
2000. 3 ~ 2002. 6	1사단 12연대 최전방 초소 소대장
1998. 1 ~ 1999. 1	신촌세브란스병원 백혈병후원회 '한울사랑' 홍보팀장
1998. 3 ~ 1999. 3	연세대학교 사회과학대 학생회 기획국장
1997. 6 ~ 1998. 6	연세대학교 사회과학대 노래패 '어울림' 회장

내가 스펙과 멀어진 계기는 한 여학생으로부터 시작됐다. 1996년 봄, 교양 강의실에서 한 법대 여학생이 눈에 들어왔다. 내 또래 남자라면 한 번쯤은 좋아했을 일본 배우 미야자와 리에를 꼭 닮은 여자였다.

한눈에 반한 나는 그녀를 따라 신청하지도 않은 수업도 여럿 들었다. 그렇게 멀리서만 지켜본 지 한 달쯤 지났을까? 착실하던 그녀가 수업을 빠지더니 운동권 시위에 참석하기 시작했다. 대선자금 공개와 등록금 인하 문제로 대학가가 술렁이던 당시, 그녀의 학과 선배인 노수석 학우가 거리 시위 도중 의문사를 당했던 것이다.

나는 영문도 모른 채 그녀를 따라 시위에 동참했다. 유난히 더웠던 그해 여름, 학생운동사의 최후 혈전으로 불리는 '1996년 연세대 사태'가 벌어졌다. 수만 명의 경찰들이 학교를 에워쌌고, 나는 최루액을 뒤집어쓴 채 아등바등하다가 선배들의 도움으로 가까스로 현장을 빠져나왔다.

정신을 차린 나는 나를 챙겨준 선배들의 안부가 궁금해 서울 봉천동의 '나눔의 쉼터'를 찾아갔다. 선배들이 숨어 있던 그곳은 흡사 전쟁터를 연상케 했다. 건설사가 고용한 용역 깡패들은 동네에 불을 질렀고 주민들에게 폭력을 휘둘렀다. 주민들은 타이어를 방호벽 삼아 강력히 저항했다.

나눔의 쉼터는 철거민 자녀들을 돌보는 곳이었다. 당시 우리 집은 봉천동과 지하철로 15분 거리인 서초동 교대역 인근, 이른바 8학군 부자 동네에 있었다. 나는 집에서 가까운 곳에 전혀 딴 세상이 펼쳐지고 있다는 사실에 놀랐고, 전혀 알지도 못하는 아이들을 위해 아무런 보상 없이 봉사하는 선배들에게 다시 한 번 놀랐다.

가장 큰 충격은 나의 편협함과 선입관이었다. 공부 안 하고 탈선을 일삼는 학생들을 보면 나는 가차 없이 '사회의 악'이라 치부했다. 그런데 알고 보니 그 아이들 중 상당수가 부모의 돌봄을 받지 못한 채 전쟁 같은 삶을 견뎌내고 있었다. 그제야 나는 내가 얼마나 편협했는지를 깨달았다.

그 후 나는 반년 가까이 참회하듯 살았다. 그곳에서 아이들을 돌보며 새로운 세상에 눈뜨게 됐다. 학업에선 점차 멀어졌지만 봉사 활동엔 관심이 더 늘었다. 봉사 관련 모임에 들어갔고 노래패 활동을 시작했다. 거리 공연으로 백혈병 후원금을 모금했고 나눔의 쉼터를 순회했다. 방학 때면 으레 농활을 떠났다. 이것이 나의 소명이었다.

공무원이셨던 아버지는 아들이 자신과 비슷한 삶을 살아가길 원하셨다. 별 탈 없이 공부하다 군인이나 공무원이 되길 바라셨던 것이다. 짝사랑에 이끌려 시위에 참여하기 전까진 나도 그렇게 살 줄 알았다. 고등학교 때까진 교회와 집밖에 모르던 재미없는 '범생이' 중 한 명이었다. 그런 아들이 운동권과 어울려 다니는 게 아버지의 마음에 들 리 없었다.

아버지와의 충돌은 2학년 말, 단과대학 학생회장 선거에 출마하겠다고 선언하면서부터 시작됐다. 아버지는 당장 군대에 가라고 성화셨지만 절충안으로 ROTC 입교를 선택했다. 그때는 군대만 가지 않는다면야 무엇이든 할 수 있었다. 낮엔 단복을 입고 군사교육을 받았고, 밤엔 평상복으로 갈아입고 몰래 야학에 다녔다.

졸업하고 배치받은 곳은 1사단 최전방 초소. 그곳에서 우여곡절 끝에 소대장 생활을 마쳤다. 이후 직장을 구하기에 앞서 지역 봉사단체를 꾸렸다. 당시엔 포털사이트에서 '카페'가 크게 유행했다. 봉사 활동을 주제로 한 카페는 인기가 없을 줄 알았는데 의외로 동네 청년들이 몰려들었다.

용인시에 있는 한 중증장애아동 보육시설을 일주일에 한 번 찾아가 기저귀 빼는 일부터 시작했다. 보육시설에서도 '젊은 친구들이 며칠이나 버틸까'라며 우려했지만 우린 제법 투철했다. 나는 취직하고 나서도 수년간 주말을 이용해 봉사 활동을 이어갔다.

나의 비전은 더욱 확고해졌다. '함께 가야 멀리 갈 수 있다'는 개똥철학이 생겼고 사회개혁가를 꿈꿨다. 그리고 젊은 나이에 적극적으로 세상을 바꿀 수 있는 일 중 하나가 언론이라는 생각에 이르렀다. 그것이 계기가 되어 언론사의 문을 두드리게 됐다.

나는 입사원서에 봉사 활동 경험을 써내려갔다. 당시 지원에서 썼던 글을 다음과 같다. 8년 전에 쓴 글이라 엉성하지만 한 글자도 고치지 않고 그대로 옮긴다.

입사 후 포부

나라와 민족을 사랑하는 피 끓는 열정으로 책이 아닌 병과 쇠파이프를 들고 뛰어다니기도 했다. 사회의 구조적 모순에 대한 분노와 나약한 인간에 대한 연민을 무대에서 원 없이 표출해보기도 했다. 하나님 앞에 끊임없이 죄를 짓는 인간과 모순된 사회 앞에 목 놓아 절규하며 목회자를 꿈꾸기도 했다. 최전방 녹슨 철조망 앞, 한 달음에 달려가 부둥켜안을 동족의 가슴에 총을 겨누며 민족의 아픔을 느끼기도 했다. '내가 누구인가, 이 길이 옳은 길인가'에 대한 치열한 물음과 대답에 자유롭고 싶어 동해 바다 저편 먼 땅을 헤매고 다녀보기도 했다.

그리고 맞닿은 생각 하나, 세상은 더불어 사는 것. 사랑하며 함께 살아가는 것. 그래서 난 지금 여기 서 있다. XX일보. 이곳에 내 인생을 걸고 그토록 애타게 찾아온 그 무엇에 대해 행동하려 한다. 장애인과 더불어 편견 없이 사는 세상, 뿌리 깊은 지역감정을 극복하고 마침내 올 해방과 통일 세상을 준비하는 곳에 나는 땀 흘리고 있을 것이다.

도리부언 하자성혜(桃李不言 下自成蹊). 복숭아와 오얏나무는 말하지 않아도 아름다운 꽃과 열매가 있어 사람들이 모이므로 저절로 길이 생긴다. 이처럼 덕 있는 자는 잠자코 있어도 그 덕을 사모하여 사람들이 따른다.

－《사기史記》〈이장군열전李將軍列傳〉

내가 덕과 지혜가 있어 은은한 향을 자아내면 내가 지나가는 길에 사람들은 감동을 받고 오래 머무는 그곳에서는 감화가 신명과 같을 것이다. 그 감화로 이뤄나가리라.

지금 다시 읽어보니 손발이 오그라드는 대목이 한둘이 아니다. 그래도 한 자 한 자에 짧지만 강렬했던 내 젊은 날의 고민이 오롯이 담겨 있다. 비록 학생운동에 빠져 학점은 등한시했지만, 남들은 영어 공부하고 자격증을 딸 시간에 봉사 활동에만 전념했지만, 변변한 스펙 없이도 당당히 수백 대 1의 경쟁률을 뚫었다. 돌이켜보면 하고 싶은 일을 하기 위해 일관되게 '맞춤형 스펙'을 쌓았고, 열정과 패기로 '협력해 선을 이루는 일'에 매진했기에 가능한 일이었다. 스펙이 아닌 나만의 스토리와 정신을 갖게 된 것이다.

학점과 사진 대신
에세이와 스토리로

2012년 대통령 선거에서 새누리당과 민주당은 청년 문제에 대해서만큼은 입장 차가 크지 않았다. 이른바 스펙이 아닌 능력 중심의 사회를 만들겠다는 데 의견을 일치했다. 약간의 차이가 있다면 당시 새누리당 박근혜 대선 후보는 스펙의 굴레에서 벗어나게 한다는 게 목표였고, 민주통합당 문재인 대선 후보는 청년들이 가고 싶은 대기업에 갈 수 있는 문을 넓히는 게 목표였다.

여기서 한 가지 의견 차가 있었다. 두 캠프 모두 초창기 스펙과 관련된 용어 통일 문제를 두고 논의가 벌어졌다. '스펙 타파'가 맞는지, '스펙 초월'이 맞는지를 놓고 말이다. 당초 스펙을 타파해야 할 대상으로 보고 대안을 제시했던 측은 과감하게 스펙의 굴레를 깨뜨리자고 주장했다.

하지만 논의 결과, 스펙을 무조건 나쁜 것으로 몰아붙이는 것은 현실에 맞지 않다는 주장이 설득력을 얻었다. 자신의 꿈과 적성이 무엇인지도 모른 채 무조건 남들을 따라 스펙을 쌓는 것이 문제이지, 하고 싶은 일에 맞춤형 스펙을 쌓는 것은 필수라는 얘기였다. 결국 양 진영 모두 '스펙 타파'가 아닌 '스펙 초월'로 용어를 통일했고 직무에 맞는 전문적 스펙 쌓기를 장려해야 한다고 의견을 모았다.

새 정부는 대통령 공약을 바탕으로 스펙 초월정책을 마련하기 시작했다. 불필요한 스펙 쌓기로 청년들이 시간과 비용을 낭비하는 것을 막는 데 목적이 있었다. 그리고 스펙과 무관하게 열정과 잠재력 있는 청년을 선발해 전문가 멘토링을 받게 한다는 취지였다. 교육을 받은 청년들이 인재은행에 등록하면 기업 채용 담당자가 이들을 평가한 뒤 채용하는 시스템이었다. 아울러 '멘토 스쿨'을 출범시켜 운영하고, 마땅한 평가기준이 없어 인재를 찾는 데 어려움을 겪는 기업을 지원하기 위해 '직무역량평가 모델'을 개발해 보급하기로 했다.

이 가운데 가장 눈에 띄는 정책은 인수위 시절부터 논의됐던 '소셜 리쿠르팅'이라고 불리는 SNS 면접이었다. 학벌, 학점, 영어 성적 등 서류를 제출하지 않은 채 인사평가관과 대화하며 자신을 소개하는 방식이다. 서류전형에서 떨어져 자신의 끼와 재능을 발휘할 수

소셜 리쿠르팅 방식

※ 장석호 연세대학 융합비즈니스센터장 제공

조차 없는 대다수의 취업 준비생을 위한 새로운 채용법이다.

소셜 리쿠르팅(스타팅)의 특징은 서류전형을 없애고 SNS 면접 등을 통해 1차 합격자를 가린다는 것이다. 지원자들은 영어 성적이나 자격증 등 이른바 스펙의 잣대가 되는 서류전형 대신 매주 정해진 수행과제를 동영상이나 파워포인트 등으로 만들어 SNS에 올린다. 그러면 이를 기업 채용 담당자뿐만 아니라 해당 부서의 관계자들이 평가한다.

SK그룹의 ‘SK 바이킹 챌린지’라고 불리는 채용 현장에선 흔히 볼 수 있는 천편일률적인 전공, 자격증에 대한 이야기는 찾아볼 수 없다. 면접관들은 도전적이고 진취적인 인재를 선발하기 위해 스펙이 아닌 지원자의 역량과 열정을 살펴볼 수 있는 생생한 도전 경험에 귀를 기울인다.

인사 담당자는 10만 원으로 106일을 여행한 지원자에 대해 “SK가 원하는 패기를 갖고 있는 사람”이라며 “노숙할 수 있는 용기가 인상적이고 목표에 대한 몰입도가 뛰어나며 짧은 시간에 이루기 힘든 다양한 커리어를 달성한 것이 좋아 보인다”고 합격점을 줬다. 전국경제인연합회(이하 전경련)가 소개한 이 사례는 스펙 초월형 인재를 뽑기 위한 기업들의 노력을 단적으로 보여준다.

전경련 조사 결과, 기업들은 이른바 스펙보다는 구직자의 열정과 도전정신, 전문성, 창의성 등을 중요한 요소로 반영하고 있는 것으로 나타났다. 또한 사회의 다양한 계층을 배려해 열린 채용을 실

1. 김○○(여, 27세)

"여자들은 자동차에 타면 따가운 햇살에 피부가 상할까 봐 걱정이 많거든요. 그래서 차량용 투명 선바이저를 개발해 창업을 했습니다. 창업자금은 각종 대회 수상을 통해 500만 원을 확보했고요. 사업을 하다 보니 좋은 기회가 보이더라고요. 지인을 도와 2조 원 규모의 리비아 프로젝트 수주를 위해 대기업 CEO는 물론 중동 6개국과 협의를 진행했어요. 업무협약 체결에도 성공했고요."

2. 최○○(남, 27세)

"10만 원으로 106일 동안 전 세계 14개국을 여행했어요. 어떻게 가능하냐고요? 철저하게 사전 준비와 현지 분석을 하면 가능합니다. 대부분을 비교적 안전한 곳에서 노숙을 했고요. 전공은 아니지만 서양미술사에 관심이 많아 독학으로 공부한 뒤 유럽 각국을 돌아다니며 근대 미술을 보고 몸소 체험할 수 있었습니다."

시하기도 한다.

기존의 서류전형, 필기시험, 면접이라는 형식에서 벗어나 오디션 형식으로 원하는 인재를 가려내는 방식이 뜨고 있다. SK그룹의

바이킹 챌린지 오디션을 보면 이런 추세를 확인할 수 있다. 이미 이 방식으로 2012년에 40여 명을 채용한 바 있어 올해는 독특한 이력의 소유자들이 더욱 몰렸다.

KT도 올해 '올레 오디션'이라는 새로운 채용 방식을 도입했다. 지원자가 5분간 자유롭게 자기소개를 하는데 여기서 통과한 사람에게는 서류전형을 면제해준다.

민주당에서 주장한 스펙을 담지 않은 지원서류를 이미 기업들은 적용하고 있다. 현대자동차는 입사원서에 사진란과 부모님 주소, 제2외국어 구사능력, 전공 표시란 등을 삭제했다. 그리고 얼굴이 가려진 상태에서 모의 면접을 보는 '5분 자기 PR'을 온라인 화상 면접으로 확대했다. 하계 인턴사원 채용 과정에서는 전략지원과 연구개발, 디자인 부문별로 전문성과 창의성을 갖춘 인재를 선발하기 위해 사전과제 평가 등 실기전형으로 1차 합격자를 선발했다.

구직자들이 가장 큰 관심을 갖는 삼성그룹은 어떨까? 우선 스펙으로 지원자를 가려내는 일반적인 서류전형과 달리, 일정한 요건을 갖춘 지원자 전원에게 SSAT(삼성직무적성검사)를 보게 한다. 해마다 10만 명 이상이 이 시험을 치르고 있는데, 삼성 인재에 맞는 인성 및 적성 문제가 다양하게 출제되고 있다. 최근에는 융합형 인재를 찾기 위해 인문계 전공자를 대상으로 소프트웨어 직무로 특별 채용하는 '삼성 컨버전스 소프트웨어 아카데미' 전형도 시작했다.

LG그룹은 스케일이 좀 더 크다. 대학생 해외 탐방 프로그램인 'LG 글로벌 챌린저'를 통해 스펙과 상관없이 해외탐방보고서 심사와 프레젠테이션을 거쳐 최종적으로 두 팀을 뽑아 최우수상과 우수상을 수여한다. 이들 중 졸업예정자는 신입사원, 재학생은 인턴사원으로 채용한다.

대졸 학력 제한을 폐지하는 대기업도 있다. 롯데그룹은 그룹 공채에서 대졸 공채라는 명칭을 'A-Grade 신입사원 공채'로 변경했다. 이를 통해 고졸 이상 학력자는 신입사원 공채에 지원 가능하고 입사 후에도 대졸자와 동등한 대우를 받는다. 계열사별 상품 및 마케팅 기획 등을 주제로 한 롯데 아이디어 공모전에서 수상하면 인턴십 혹은 신입사원 공채 지원 시 서류전형 면제 혜택이 부여된다.

포스코도 인턴 채용에 '탈스펙 전형'을 신설했다. 지원서류에 최종 학력, 출신교, 학점, 사진란을 삭제했다. 대신 도전정신, 창의성, 글로벌 경험 등을 바탕으로 자신만의 스토리를 자유롭게 기술한 에세이를 제출하도록 했다.

그 외에 CJ그룹은 서류전형 지원 시 학력 및 사진 등을 제외했고, 효성그룹은 수험표와 이름을 제외한 학력·출신지역·전공 등의 정보를 배제한 '블라인드 면접'을 시행하고 있다.

인·적성검사가 또 하나의 스펙으로 변질되자 아예 이를 폐지한 기업도 있다. 한화그룹은 '변화 3.0'이라는 슬로건 아래 국내 대기업 중 최초로 인·적성검사를 폐지했다. 이를 통해 채용 전형기간이 기존 2.5개월에서 1.5개월로 줄어들었다. 지원자의 부담 크게 줄어든 것이다. 대신 직무역량 중심의 선발을 강화하기 위해 자체 개발한 서류전형 시스템을 마련했다.

스펙을 초월한 TOPICs형 인재

대통령직인수위원회에서 활동하며 다양한 인사 전문가들을 만나 스펙 초월형 인재상을 연구했다. 그 결과를 토대로 스펙 초월형 인재의 조건을 여섯 가지로 정리한 'TOPICs형 인재'를 소개한다. 말 그대로 장황한 스펙보다는 이야깃거리가 되는 꼭 필요한 스펙을 쌓으라는 뜻을 담고 있다.

T: Target Specification. 맞춤형 스펙을 키워라

O: Open Recruit. 열린 채용을 활용하라

P: Passion. 열정을 보여라

I: Internship. 인턴십을 잡아라

C: Creativity. 창의성을 키워라

S: Story & Spirit. 자신만의 스토리와 정신을 가져라

Target Specification: 맞춤형 스펙을 키워라

대다수 기업 인사 담당자들은 장래 희망이나 전문성과 상관없는 장황한 스펙으로 채워진 지원서를 보면 일단 의심부터 한다. 소신 없이 닥치는 대로 경력만 쌓은 이런 사람은 채용되더라도 깊이 있는 전문성을 발휘하기 힘들다고 판단되기 때문이다. 학점도 마찬가지다. 비교적 학점을 받기 쉬운 교양과목 위주로 수강해 A+를 받는 게 오히려 감점 요인이 된다.

그보다는 자신이 하고 싶고 관심 있는 분야와 연계된 과목들을 얼마나 꾸준히 공부했는지를 더 많이 본다. 아울러 그것과 관련된 다양한 경험들을 쌓았는지를 살핀다. 또한 평균 C학점 이하만 아니라면 변별력이 거의 없다고 한다. 학점 거품이 보편화된 대학 학사 과정을 이미 간파하고 있기 때문이다. 학점보다는 오히려 맞춤형 수업을 들었는지 여부를 더 많이 본다.

따라서 스펙을 다양하게 갖추었다 해도 지원 업체에 따라 선택과 집중으로 스펙을 나열하는 지혜가 필요하다. 스펙을 쌓은 시간과 비용이 아까워 모두 나열하는 순간, 스펙 과잉형 인간으로 낙인 찍힐 수도 있다. '나보다 스펙이 현저히 떨어지는데 저 사람은 왜 뽑혔을까?' 이런 의문이 든다면 그가 쌓아온 일관성 있는 맞춤형 스펙에 주목할 필요가 있다.

Open Recruit: 열린 채용을 활용하라

기업들은 기업의 사회적 책임과 효율적인 인력 운용을 위해 고졸·여성·지방대생·장애인 등 사회적 약자를 대상으로 하는 열린 채용을 확대하고 있다. 대표적인 예로 삼성그룹의 '함께 가는 열린 채용'을 들 수 있다. 삼성은 일반 공채 이외에도 3급 고졸 공채를 신설해 고졸자의 취업 기회를 넓혔다.

SK그룹은 2012년 SK텔레콤에서 시범 실시한 지방대생 채용을 2013년부터 전 계열사로 확대했다. 대졸 채용 인원인 4,300여 명 중 30퍼센트 이상을 지방대생으로 선발한다. 향후 장애인과 여성, 저소득층 등 사회적 약자에 대한 채용도 늘릴 계획이다.

LG그룹은 지방대·전문대 출신 우수 인재 확보에 나섰다. 이를 위해 교수 추천, 지방대 현장 순회 채용, 공모전 및 경진대회 출신의 실무 역량 보유자 우선 채용 등 다양한 방법을 도입 중이다. LG연암학원은 직접 운영하는, 경남 진주시에 소재한 연암공업대에 스마트융합학부를 신설해 전문 교육 과정을 이수한 졸업자를 대상으로 LG 계열사에 전원 취업을 보장하고 있다.

한화그룹도 고졸 공채를 확대하는 중이다. 이를 위해 고등학교 2학년을 대상으로 채용전제형 인턴 제도를 실시하고 있다. 고졸 사원들을 위해 기업 대학을 운영하고 있으며, 5년간 일정한 성과를 내는 직원에 대해서는 대졸 사원과 같은 직무전환과 승진 기회를 주고 있다.

GS그룹은 전문대에서 추천한 인원들을 대상으로 산학 실습을 마친 후 관련 계열사에 채용하는 연계 프로그램을 운영하고 있다. 추천받은 지원자에 대해서는 따로 스펙 사항을 검토하지 않는다.

이처럼 기업들의 채용 방식이 달라지고 있다. 청년 구직자들은 스스로 약자라고 여기고 지레 포기하기보다는 약점을 강점으로 승화하는 지혜가 필요하다. 찾아나서고 두드리는 자에게는 기회가 있게 마련이다.

Passion: 열정을 보여라

최고 인재상은 기업별로 천차만별이지만 적어도 한 가지 덕목만큼은 모든 기업들이 일치한다. 열정과 성실함이 그것이다. 기업들은 무엇을 지시하든 가능성 있는 방향으로 사고하는 긍정적인 마인드, 꼭 해내고야 말겠다는 똘기·패기·열정, 그리고 맡은 일을 정해진 시간 안에 처리하는 철저함을 원한다.

면접 과정에서 살피는 것도 주로 이런 덕목이다. 학벌이나 영어 실력이 다소 떨어지더라도, 회사가 과도한 업무를 지시한다 해도 황소처럼 묵묵히 일하며 열정적으로 해낼 수 있는지를 가늠한다. 튀는 발언과 행동으로 면접관들의 관심을 끌어 성공하는 경우도 없지 않지만 그런 지원자는 소수에 불과하다.

기업 인사 담당자들은 최종 면접 단계에 오른 지원자들의 스펙과 끼는 대동소이하다고 여긴다. 때문에 누가 회사에 오래 남아 열정적으로 일할 수 있는지를 살펴본다. 아무리 뛰어난 인재라 해도 회사에 대한 애정과 일에 대한 열정, 그리고 끈기가 없다면 그런 사람은 언젠가 회사를 떠나보내야 하기 때문이다.

채용 면접에 임한 임원들을 만나보면 특출해서 채용했는데 얼마 지나지 않아 다른 회사로 옮길 때 가장 허망하다고 말한다. 그래서 최종 면접 단계일수록 애사심과 일에 대한 열정과 자부심이 강한 사람을 뽑게 된다는 것이다. 0.1퍼센트의 재능으로 승부할 사람이 아니라면 99.9퍼센트 열정을 표출해야 한다.

Internship: 인턴십을 잡아라

기업 채용 담당자들은 하나같이 대학 교육에 대해 불만이 많다. 수년 동안 대학 교육을 받았는데도 회사에 들어오면 무용지물인 경우가 많다며 볼멘소리를 자주한다. 사람을 뽑는 데는 물론 교육을 시키는 데도 상당한 비용이 든다는 지적이다. 현실적으로 대기업은 가능하겠지만 중소기업은 채용과 재교육에 쓸 수 있는 비용이 한정되어 있다. 기업들이 인턴십 기회를 넓히는 것도 이 때문이다. 일단 일을 시켜보고 실무 능력이 뛰어난 사람들을 채용하겠다는 복안이다.

정부도 인턴십 확대에는 적극적이다. 고용노동부는 중소기업의 청년 인턴을 활성화하기 위해 한해 3,000억 원가량을 쓰고 있다. 인턴 한 명당 월 80만 원 한도 내에서 6개월간 임금 지원을 해주고 있다. 또한 이들이 정규직으로 전환되면 6개월간 월 65만 원을 지원해준다. 이런 제도를 한해 5만 명가량이 인턴으로 채용하도록 유도할 계획이다.

요즘은 인턴도 하나의 스펙이라며 경쟁률이 대단하다. 주로 대기업과 공기업에만 몰리는데 지원책이 많은 중소기업으로 눈높이를 낮춰보면 기회는 많다. 중소기업에서의 인턴 생활이 대기업에서보다 더 많은 경험과 실무를 배울 수 있다. 대기업도 중소기업에서의 실무 경험을 중요하게 여긴다.

리쿠르팅 업체인 잡코리아는 인턴십에 임하는 자세로 일곱 가지를 꼽았다.

1. 미래에 그 자리에 오를 자신의 모습을 그려보라

2. 매사 대충 일해서는 안 된다

3. 일거수일투족이 평가 대상이 되므로 행동거지에 유의하라

4. 회사 규모와 자금력보다는 실무 경험 위주로 판단한다

5. 회사 돌아가는 시스템을 파악하라

6. 편한 것만 찾거나 꾀부리지 마라

7. 작은 일이라도 최선을 다하라

Creativity: 창의성을 키워라

새 정부의 창조경제 정책에 따라 여기저기서 경쟁적으로 창의성

발굴에 나서고 있다. 기업들은 직원들의 창의성을 높이기 위해 다양한 교육 활동을 펼치고, 채용과정에서 창의성을 검증하기 위해 다양한 장치들을 마련하고 있다.

대표적인 예로 구글의 입사 면접에서 골프공의 딤플(홈) 개수를 물은 것을 들 수 있다. 이는 실제 개수를 외워서 답하라는 게 아니다. 설령 틀리더라도 창의적 방법으로 답을 도출해내는 과정을 듣고 싶어 하는 것이다. 때로 오답이 더 매력적일 수 있다.

"누가 창의성이 중요한 걸 모르나? 어떻게 창의성을 키우란 말이지?"라는 말할 수 있다. 창의성은 크로스오버와 융합, 통섭에서 나온다고 생각한다. 인문학도가 물리학과 수학 강연에 참여하고 기계 분해 조립에 관심을 기울일 때, 컴퓨터 프로그래밍 언어 하나쯤 배울 용기를 가질 때 새로운 발상이 나올 수 있다. 반대로 이공계열 전공자나 엔지니어가 인문학 서적을 읽고 문화 예술 공연을 접한다면 사고방식을 달리할 수 있다.

기업들도 이런 통섭형 인재의 창의성이 미래 먹거리를 만들 것이라며 창의적인 인재 육성에 열을 올리고 있다. 삼성그룹은 인문계 전공자를 대상으로 '삼성 컨버전스 소프트웨어 아카데미'를 설립했다. NHN NEXT가 마련한 '인문사회학도를 위한 소프트웨어 비전 특강'도 매회 200석이 꽉 들어찬다고 한다. 창의성은 자신이 모르는 영역에 뇌의 촉수를 자극할 때 불현듯 찾아온다.

Story & Spirit: 자신만의 스토리와 정신을 가져라

앞서 말한 것처럼 우리 시대는 화려한 스펙보다는 자신만의 스토리와 정신을 요구한다. 기업들이 가장 선호하는 스토리는 무엇일까? 다양한 봉사 활동? 국내외 공모전 수상? 다양한 나라의 여행기? 다 좋다. 하지만 기업이 대체로 듣고 싶어 하는 스토리는 도전과 실패 경험담이다. SK 바이킹 챌린지를 통해 입사한 SK 남자 신입사원의 얘기를 들어보자.

"신개념 디자인 시계 '코너클락'으로 1인 창업을 해 현대백화점이나 핫트랙스 등에 입점까지 시켰죠. 중소기업청의 창업 아이디어 발굴대회에서 대상도 탔습니다. CJ 창업대회 '아이디어 페어'에서는 새로운 커피 메뉴로 2,565개 팀 중 20위에 올랐고요. 수제 슬리퍼를 만들어 태국 업체와 디자인 생산 협약을 체결하고, 런던과 도쿄, 헬싱키 등에서 디자인 활동도 했습니다. 그런데 왜 이 회사에 지원했느냐고요? 쫄딱 망했기 때문입니다. 와플과 핫도그를 결합한 '왓도그(What Dog)'로 길거리 장사를 시작했는데 결과는 참담했습니다. 여기서 떨어지더라도 새로운 메뉴 개발을 해볼 참입니다."

면접관이 이런 경험담을 듣는다면 질문거리가 무궁무진할 것이다. 나라면 이 친구의 머릿속이 궁금해서라도 일단 합격점을 줄 것 같다. 2012년 KT가 스펙을 전혀 보지 않고 특정 분야의 경험과 전문성만 보고 뽑은 '달인(達人) 채용'도 좋은 예다. 달인 채용 과정으로 뽑힌 사람들 중에는 창업 경험자가 많았다. 전체 13명 중 네 명이 창업을 한 적이 있고 세 명은 사장도 해봤다고 했다.

영업의 달인으로 뽑힌 정재엽 씨는 집안의 노는 땅을 활용해 3년 동안 백년초 농사를 지었다. 아르바이트로 모은 1,200만 원을 투자했지만 농산물의 판로를 찾기가 힘들었다. 그는 고심 끝에 SNS를 활용해 400여 명의 고정 고객을 확보했고, 분말이나 과실주 판매에 그치지 않고 원액 판매로 차별화했다.

김락현 씨는 휴대전화 판매는 물론 시계 장사, 부동산 중개 등 다양한 경험을 쌓았다. 물건을 팔면서 문전박대를 당했던 경험도 수없이 많았다. 실패 경험을 통해 판매 노하우를 체득한 김 씨는 경험에서 나온 영업 전략으로 면접관을 설득했다. 자신만의 스토리와 도전정신으로 회사 임원들을 시로잡은 것이다.

이용우 전경련 사회본부장은 "구직자들도 기업이 원하는 인재상이 변하고 있다는 사실을 유념하고, 천편일률적 스펙 쌓기보다 자신만의 장점과 열정을 스토리화해 장점을 부각하기 위해 노력해야 한다"고 조언했다.

대기업 인사 담당자가 밝히는 '이런 인재 원한다'

청년위원회 설립추진단은 주요 국정 과제인 '스펙보다 능력 중심의 사회 구현'을 목표로 기업과 정부가 함께하는 스펙 초월 채용 시스템 구축을 위한 TF를 꾸렸다. 주요 기업 인사 담당자와 정부 관계자, 학계와 연구기관 전문가들로 구성된 이 TF에서는 스펙 초월 채용을 위한 현장의 문제점 발굴 및 정부 지원책 마련, 기업별 채용 시스템의 장점을 반영한 모델 개발 및 공유, 스펙 초월 채용 문화 확산을 위한 대국민 어젠다 개발 등을 목표로 여러 차례 회의를 가졌다.

이 자리에 참석한 주요 기업 인사 담당자들이 말하는 인재상과 스펙 초월 채용에 대해 요약했다(가나다순).

두산그룹

"스펙은 높아만 가는데 기업은 왜 인재를 찾기 어려운지, 기업이 왜 사람을 뽑지 않는지 고민해볼 필요가 있습니다. 신입사원을 뽑아도 실무 적응력이 떨어져 1년 동안 별도로 업무 교육을 시켜야 하는 게 문제입니다. 대학 교육에서부터 스펙이 아닌 실무형 인재를 육성해야 하고 지원자들도 전문성과 전공에 매진할 필요가 있습니다.

두산은 '사람이 미래다'라는 캐치프레이즈 아래 인화와 소통, 근성 있는 실행, 우선순위와 집중 면에서 능력을 발휘할 수 있는 인재를 관심을 갖고 육성하려 합니다. 기업별 인·적성검사도 또 하나의 스펙이 돼가고 있는데, 선행학습을 배제하는 방향으로 진행할 필요가 있습니다.

두산은 스펙보다는 회사가 원하는 인재상에 부합하는 직원을 뽑기 위해 특별한 설문조사와 종합적성검사를 개발했습니다. DBS(Doosan Bio Survey)와 DCAT(Doosan Comprehensive Aptitude Test, 두산종합적성검사)가 그것입니다. 기존의 에세이 제출 테스트를 대신한 DBS는 두산이 추구하는 인재상에 부합하는지 선별하는 도구입니다. DCAT은 어휘유창성, 언어논리, 수리자료분석, 정서역량검사, 인성검사, 한자검사 등으로 이뤄지는데, 스펙이 좋다고 쉽게 풀 수 있는 게 아닙니다. 하지만 평소 다양한 관심사와 실력을 가진 인재라면 누구나 좋은 점수를 받을 수 있습니다."

산업은행

"무엇보다도 구직자들이 원하는 회사가 어떤 인재상을 필요로 하는지 잘 파악해야 합니다. 이는 선배들을 통해서든, 다양한 정보를 수집해서든 어렵지 않게 파악할 수 있습니다. 산업은행은 열정과 도전정신으로 금융산업 발전의 개척자가 될 인재, 능력과 품성, 발전 가능성을 균형 있게 겸비한 인재를 선호합니다.

이런 사람을 선발하기 위해 스펙보다는 지원자의 다양한 가능성을 보려 합니다. 궁극적으로 스펙 타파가 아니라, 산업은행이 필요로 하는 핵심 스펙을 가진 인재를 채용하는 것이 목표입니다. 지방대 출신을 일정한 비율로 채용하는 것이 수도권 대학에 대한 역차별이라는 논란도 있습니다. 하지만 산업은행의 업무 특성상 지역

산업의 특성을 잘 아는 인재가 필요하기 때문에 이 제도를 계속 실시하고 있는 것입니다.

산업은행은 스펙 초월형 인재 선발을 위해 이미 전공·어학·연령·학력 등 지원 자격 제한을 폐지했습니다. 또 모든 전형 절차를 블라인드 방식으로 진행해 면접관들은 실제로 지원자의 신상이나 개별 스펙을 알 수 없습니다."

삼성그룹

"스펙 경쟁이 치열한 것은 근본적으로 매력적인 일자리가 감소된 것에서 비롯되고 있습니다. 이 문제를 해결하기 위해서는 중소기업이 청년에게 매력적인 일자리가 되도록 토털 솔루션을 제공해야 합니다. 연봉이 일정 수준 이하인 중소기업 근로자에 대해 근로소득세를 면제해주거나 혹은 실무교육을 위한 바우처를 만들어주는 것, 중소기업 취업자에 한해 재형저축 우대금리를 지급하는 방안 등을 대안으로 제시할 수 있습니다.

또한 창업 실패 경험을 경력으로 인정하는 등 기업들의 적극적 노력도 필요합니다. 삼성은 스펙보다는 지원자의 적성과 인성, 실력을 파악하기 위해 오래전부터 자체적으로 직무적성검사인 SSAT를 실시하고 있습니다. 한해 10만 명 넘는 사람들이 이 시험을 보고 있습니다. SSAT가 또 하나의 스펙이 돼 전담 과외까지 생겨난다는 얘기도 있는데, 정형화된 매뉴얼로 검사 점수를 잘 받긴 힘듭니다.

매번 창의적이고 실무적인 평가가 될 수 있도록 부단히 노력 중입
니다."

포스코

"포스코는 인·적성 검사를 보지 않는 유일한 대기업입니다. 비
슷한 스펙을 가진 지원자들이 많아 이들을 인·적성만으로 선별하
기 힘듭니다. 이를 위해 탈스펙 전형을 도입했는데 이는 시간과 비
용이 무척 많이 듭니다. 지원자들이 불필요한 자격증까지 제출하는
데 기업들은 이런 자격증에 가산점이 부여되지 않음을 명시해 과잉
스펙 경쟁을 사전에 차단해야 합니다.

포스코는 일반전형과 더불어 신입사원의 절반가량을 탈스펙 방
식으로 채용하고 있습니다. 탈스펙 트랙을 통해서는 학력, 학점, 어
학 성적에 관계없이 누구나 지원 가능한 대신 도전정신, 창의성, 글
로벌 경험에 대한 자신만의 스토리를 에세이 형태로 제출해야 합니
다. 이들에 대해서는 자기 PR 시간과 인성 면접전형을 거쳐 인턴 실
습을 시킵니다. 국내 5개월, 해외는 6~12개월 인턴 생활을 통해 실
무와 잠재 역량을 평가해 정규직으로 최종 선발하게 되는 것입니다.

또 다양한 인재를 확보하기 위한 열린 채용을 실시하고 있는데
창의성(각종 공모전 및 경진대회 입상자, 발명 및 특허 보유자)과 도전정
신(문·이과 교차 계열 복수 및 부전공, 벤처 및 창업 경험 보유자), 글로벌
(신성장 지역 2년 이상 거주자, 3개 국어 이상 구사자), 상생(저소득층, 다문

화가정, 보훈) 등에 적합한 인재를 채용 인원의 30퍼센트가량 선발하고 있습니다.”

현대자동차

“현대자동차는 스펙 없이 패기와 열정을 가진 인재를 선발하기 위해 노력하고 있습니다. 실제로 지역 근무지의 전략 지원과 연구 개발 디자인 분야에 대해서는 학교와 전공 학점, 영어 점수를 아예 입력하지 않는 입사지원서를 작성토록 했습니다. 대신 인·적성검사와 1박 2일간의 면접 전형 이후 방학 때 5주간 인턴 실습을 시킵니다. 실습 우수자는 정규직으로 전환해 채용할 계획입니다.

다만 학교나 동아리 등에서 획일적으로 채용에 관련한 교육을 진행하고 있어 지원자의 80~90퍼센트가 비슷한 지원서를 제출하고 있습니다. 또 지원자가 진정성을 강조하고자 오히려 이것을 새로운 스펙으로 받아들여 인위적으로 공부하는 사례도 많습니다. 이런 점을 감안할 때 기업과 지원자 간에 신뢰 관계, 스펙 초월에 대한 사회적 인식 전환이 반드시 필요해 보입니다.”

SK

“SK는 학력이나 경력이 아닌 스토리와 근성, 열정을 지닌 인재를 선발하기 위해 도전 경험이 있는 젊은이를 찾고 있습니다. 이런 인재를 ‘바이킹형 인재’라고 칭하죠. 이들은 용맹하고 위험을 감수할 줄 알며 창조적 파괴를 즐기고 승리에 대한 욕망이 큰 사람입니다.

채용 과정도 획기적으로 바꿨죠. 탤런트 페스티벌, 바이킹 챌린지 등 현장 채용을 진행한 결과 기상천외한 사고방식과 경험을 가진 지원자들이 많다는 것을 확인했습니다. 흥미 있고 가치 있는 일을 위해서는 언제든 기득권을 포기하고 마지막이라는 생각으로 임할 수 있는 자세, 자신만의 미쳐 있는 분야가 있고, 그 분야의 최고가 되기 위해 노력하고 성취하는 과정에서 보람을 느끼는 사람을 찾고 있는 것이죠.

요즘에는 공모전이나 해외 봉사 활동, 창업 경험 등도 하나의 스펙으로 간주되므로, 이런 경험이 없더라도 창의성이 풍부한 지원자들에게 공정한 기회를 제공하도록 시스템을 갖추는 게 필요합니다.”

NHN

“저희는 좋은 인재가 찾아오기를 기다리기보다는 직접 찾아나서는 시도를 하고 있습니다. 자체 교육과 멘토링 캠프, 인턴십 등 다양한 프로그램을 실시하고 있죠. 대표적인 예가 ‘NHN NEXT’입니다.

저희가 추구하는 인재는 첫째는, 이론과 기초 지식이 탄탄한 인재입니다. 빠르게 변하고 발전하는 소프트웨어 기술과 서비스에 대응할 수 있는 기술 리더를 찾고 있죠. 둘째는 현장의 문제해결력이 뛰어난 현장형 인재입니다. 마지막으로 인간, 사회, 기술, 예술의 상호작용을 이해하는 융합형 인재입니다. 지식과 콘텐츠를 다루는 일반 사용자용 소프트웨어는 인간과 사회에 미치는 파급 효과가 매우 큽니다. 인문사회학적 소양을 충분히 갖춘 인재가 필요합니다.

NHN은 공채, 인턴, 멤버십, NHN NEXT 등 다양한 방식으로 채용을 실시하고 있습니다. 미래 소프트웨어 산업을 이끌어갈 인재는 개발, 디자인, 사용자경험(UX)을 모두 섭렵하고 있어야 합니다. 동시에 서비스가 인간과 사회에 미칠 영향을 이해할 수 있어야 한다고 봅니다. 그래서 NHN NEXT와 같은, 기존 대학에서는 시도하고 있지 못한 새로운 교육 시스템인 융합형 완성형 커리큘럼을 마련한 것입니다.

'NHN 소프트웨어 멤버십'은 취업을 앞둔 대학생 중 IT 분야 소프트웨어 개발에 관심과 열정이 있는 학생들을 전공 불문하고 선발해 무상으로 체계적인 실기교육과 NHN 인턴십을 실시합니다."

9장

젊은 성공
체면을 버리고 실용을 택하라

기획재정부 차관을 거쳐 국무총리실장에 오른 김동연. 아시아인 최초로 BMW그룹 본사 임원에 오른 김효준 BMW코리아 사장. 국내 최고 세탁기 박사 조성진 LG전자 사장. 동대문시장 밑바닥에서 시작해 한국인 최초로 프랑스 프랭탕 백화점에 입성한 디자이너 최범석. 이들의 공통점은 무엇일까? 모두 가방끈보다는 자신의 꿈을 좇아 고졸 신화를 쏘아올린 사람들이라는 점이다.

연예계에도 간판보다는 실용을 택한 고졸 스타들이 많다. 대표적인 예가 한류 스타 가수 보아다. 수석으로 중학교에 입학했던 보아는 졸업 후 한국과 일본을 오가며 활동하느라 검정고시를 통해 고등학교 졸업장을 받았다. 그녀의 성공과 명성이라면 괜찮은 대학에서 러브콜을 받을 수 있었을 것이다. 하지만 보아는 대학에 진학

보아
가수

하지 않았다. 그녀는 자신의 꿈을 위해 형식적인 타이틀을 과감히 포기한 것이다.

이제 보아는 단순한 한류 스타가 아니다. 한류 콘텐츠의 핵심 기업인 SM엔터테인먼트의 임원이자 차세대 한류 스타를 키우는 대표적인 프로듀서다. 특히 〈K-POP 스타〉라는 오디션 프로그램의 심사위원을 맡으면서 청소년들의 최고 멘토로 부상했다. 부드러운 카리스마로 지원자의 끼와 능력을 이끌어내는 모습은 사람들에게 큰 감동을 줬다.

2013년 초, SM엔터테인먼트 사무실에서 그녀를 만났다. "대학 진학 대신 가수 활동에 전념하겠다"는 그녀의 소신이 '스펙보다 능력 중심'이라는 새 정부의 인재상과 딱 들어맞는다고 생각했다. 먼저 최고 멘토로 각광을 받는 것에 대해 어떻게 생각하는지 물었다. 그녀는 수줍게 웃었다.

"의도한 건 아니었는데 그렇게 봐주시니 영광이죠. 지원자들을 보면 제 어렸을 때가 떠오르다 보니 한 명 한 명 애정을 가질 수밖에 없어요. 애들이 변하고 성장하는 모습을 보면 저도 감동을 받아요."

최고의 한류 스타지만 칭찬엔 여전히 쑥스러워했다. 어린 나이에 국내외에서 다양한 경험을 쌓은 덕분인지 보아는 어떤 질문에도 여유로운 모습을 보였다. 최근 배우 유승호나 가수 아이유 등도 대학 진학을 포기하고 자신의 꿈을 위해 연기와 가수 활동에 매진하고 있다. 보아의 영향이 크지 않았을까?

"꼭 그런 것 같진 않지만 어쨌든 후배들의 소신 있는 모습을 격려해주고 싶어요. 대학 교육은 나중에 공부가 꼭 필요하다면 그때

하면 될 것 같아요. 열심히 자기계발을 하다 보면 공부에 대한 필요성을 새삼 느낄 수도 있겠죠.”

개인적으로 평소 궁금했던 것을 물었다. 대학을 가지 않은 걸 후회한 적은 없느냐고.

“솔직히 후회는 안 해요. 하나를 얻으려면 다른 하나를 잃는 건 당연한 거겠죠. 대학은 못 갔지만 정말 소중한 경험과 커리어를 얻게 됐으니까요. 만약 대학 생활과 병행했다면 쉽지 않았을 거예요. 대학 생활도 완벽하게 하고 싶었을 테니까요.”

대학 포기에 대한 그녀의 대답은 솔직담백했다. 이미 한 방송 프로그램에서 “유령학생은 되기 싫다”는 개념 발언을 해 화제가 되기도 했다. 그녀가 당시 한 얘기다.

“하고 싶은 일을 하면서 사랑받는 일을 과연 이 세상 사람들 중 몇 퍼센트나 할 수 있을까 생각하니 감사한 마음이 들었어요. 대학을 갈까 생각도 해봤는데 유령학생이 될 수밖에 없는 환경이었죠. ‘내 가수 생활에 대학 타이틀이 필요한가?’라고 생각했을 때 그렇지도 않았어요. 나를 위해 대학을 가는 건가 아니면 사람들한테 좋게 보이기 위해 가는 건가를 생각해보니 답이 나온 거죠.”

청년들을 위한 첫 정부기구인 청년위원회가 생긴다고 하자, 그녀의 눈빛은 더욱 빛났다.

“정부가 청년들의 눈높이에서 정책을 만들고 펼치기 위해 이런 기구를 만들었다는 게 정말 놀랍고 또 기대가 돼요. 저도 이런 좋은 취지에 보탬이 되기 위해 열심히 노력할게요."

보아는 한류라는 새로운 길을 개척한 소중한 문화예술인이다. 10대의 여린 감성과 체력으로 남들이 가지 않은 길을 헤쳐나갔다. 그가 걸어온 길을 지표 삼아 후배 연예인들은 헤매는 수고를 덜고 대한민국 문화의 우수성을 전 세계에 알리고 있다.

그녀는 연예계 후배들뿐만 아니라 대한민국의 많은 청년들에게 힘과 용기를 주고 싶다고 말했다. 연예계뿐만 아니라 경제와 산업, 순수 예술계에서도 전 세계를 선도하는 청년들이 많이 배출되길 바란다며 보탬이 될 수 있는 일을 하고 싶다는 의지도 보였다.

학력 과잉 사회의
'법대로 하자' 문화

조선시대부터 써온 말 가운데 '척지다'라는 말이 있다. 척(隻)이란 지금으로 말하면 민사소송을 당한 '피고'를 뜻한다. 요즘 사람들이 '척지다'를 '원수가 되다'란 뜻으로 쓰는 걸 보면, 예나 지금이나 소송은 양쪽 당사자들의 인간관계를 파탄내는 행위라는 걸 알 수 있다.

4년가량 법조 기자로 일하는 동안 수천 건의 재판을 직간접적으로 경험했다. 결론은 대한민국은 세계 제1의 '소송공화국'이라는 점이다. 한해 우리나라 법원이 처리한 민사사건은 120만 건이 넘는다. 우리나라와 법률 문화가 비슷한 일본은 같은 기간에 70~80만 건을 처리하는데 일본의 인구가 우리나라보다 약 2.6배 많은 것을 감안하면 인구 대비 소송 건수는 우리나라가 일본의 4배가 넘는 셈이다.

우리나라에서 소송이 잦은 이유는 체면을 중시하는 문화에서 찾을 수 있다. 일본은 예로부터 양명학을 받아들여 실리를 중시하고 사전 조율과 막후 협상에 익숙한 반면, 우리나라는 주자학을 수용해 체면과 명예를 숭상하면서 타협을 변절처럼 여기는 풍토가 강한 편이다. 바꿔 말하면 일본은 나르호도(なるほど, '그렇구나'란 뜻으로, 동의하진 않더라도 그럴 수도 있다는 긍정의 의미) 정신이 사회 전반에 흐른다면, 우리나라는 갈등이 생길 때 쉽게 "법대로 하자"고 대립각을 세우는 성향으로 비교할 수 있다.

한국인들이 체면을 얼마나 중시하는지를 볼 수 있는 또 다른 척도가 있다. 바로 학벌주의다. 세계 최고 수준의 대학진학률이 이를 증명한다. 물론 세계에서 가장 낮은 수준의 문맹률과 발달된 정보 접근권을 가진 것도, 유례를 찾아볼 수 없는 빠른 경제성장을 견인한 것도 이 같은 학구열과 대학진학률 덕분이기도 하다. 하지만 이제는 학력 과잉으로 인한 장점보다 폐단이 더 커지고 있다는 데 문제가 있다.

학력 거품, 성장의 발목을 잡다

2013년 한국직업능력개발원의 조사에 따르면 청년 근로자 10명 가운데 4명은 학력 과잉 상태에 있다. 대기업 지원자는 넘쳐나지만 중소기업은 인력난이 심각해 불법 체류자에 의존하는 현실이다. 굳이 대학 교육을 받지 않아도 되는 일자리가 널렸지만 대학 졸업장을 가진 구직자들은 그런 일자리를 외면한다.

실제로 자신이 갖고 있는 직무 능력이 현재 업무 수준에 비해 과잉이라는 근로자도 23.8퍼센트에 달한다는 조사 결과가 나왔다. 학력 과잉은 전문대 출신보다는 4년제 대학 출신이, 이공계보다는 비이공계가, 대기업보다는 중소기업 재직자에게서 더 많이 찾아볼 수 있다. 이 같은 현실은 스웨덴(0퍼센트)이나 핀란드(2퍼센트), 영국(18퍼센트) 등 다른 선진국에서 학력 과잉이라는 응답이 10명 가운데 2명을 넘지 않는 것과 확연한 대조를 이룬다.[9]

그렇다고 학력 과잉을 학생들의 탓만으로 돌리긴 힘들다. 사회 구조적인 문제도 만만치 않다. 고등학교를 졸업하고 취업전선에 뛰어들 경우, 양질의 일자리가 많지 않을뿐더러 설령 취업을 한다고 해도 임금이 대졸자보다 훨씬 적다는 데 문제가 있다.

실제로 2011년 고졸자의 고용률은 59.1퍼센트로 대졸 이상(74.1퍼센트)보다 낮고, 임금도 월평균 145만 5,000원으로 대졸자(188만 2,000원)의 77퍼센트에 불과했다. 그래서 높은 임금과 사회적 지위 획득을 위해서는 일단 대학에 가보자는 심리가 작동한다. 또 남들 다 가는 대학을 나만 가지 않으면 도태될 뿐만 아니라 결혼에서도 불이익을 당한다는 인식도 학력 과잉의 주된 원인이라 할 수 있다.

문제는 과잉 학력 구조가 경제 발전에 미치는 악영향이다. 삼성경제연구소가 조사한 바에 따르면 최대 42퍼센트로 추정되는 대졸 과잉 학력으로 인한 사회적 비용이 대략 연간 39조 1000억 원쯤 된다고 추산했다. 청년층의 노동시장 진출 지연으로 연간 19조 원의 기회비용이 발생하고, 여기에 대학 진학을 위한 사교육비 지출을 더하면 39조 원에 달한다는 결론이다.

이는 대한민국 GDP의 3.2퍼센트에 해당되는 액수다. 대졸 과잉 학력자들이 대학에 진학하지 않고 일자리를 찾아 생산 활동을 한다면 GDP 성장률은 1.01퍼센트포인트 상승할 것이라고 추정했다. 국민소득이 우리나라보다 3배가 많은 스위스의 대학진학률은 10퍼센트대에 불과하다.[10]

10년 내 대학 100개 문 닫을 수도

지독한 체면의식과 학벌주의의 폐단은 대학의 난립으로 이어졌다. 교육부에 따르면 우리나라에는 337개의 대학이 있다. 4년제가 198개, 전문대가 139개이다. 전국 시·군·구가 229개인 것을 감안하면, 시·군·구에 1.5개꼴로 대학이 설치돼 있는 꼴이다. 그중 사립대는 4년제 대학이 85퍼센트가량 되고, 전문대가 94퍼센트가량이 된다.

이는 외국에 비해 현저히 높은 편으로, 1995년 김영삼 정부에서 대학을 늘려 무한경쟁을 시키겠다며 대학 설립의 문턱을 낮췄기 때문이다. 당시 정부는 학교 건물과 수익용 기본재산의 확보 기준만 충족하면 대학을 세울 수 있도록 '대학 설립 준칙주의'를 도입했고,

그 결과 사립대가 우후죽순처럼 생겨났다. 물론 인구에 비해 대학의 수가 미국이나 일본보다 많은 건 아니다. 문제는 제대로 된 교육을 제공하지 못하는, 말뿐인 부실 사립대가 너무 많다는 데 있다.

사정이 이렇다 보니 부실한 대학을 구조조정하기 위해 교육부는 정부 재정 지원을 제한하겠다고 칼을 뽑아들었다. 실제 하위 15퍼센트에 해당하는 43개 학교를 지정해 2013년도부터 정부 재정 지원과 학자금 대출을 제한한다고 발표했다. 학령인구가 급격하게 줄어드는 데 대비하고 정부의 재정지원이 부실대학의 연명수단이 되지 않도록 하겠다는 조치였다.

대학은 늘어만 가는데 학령인구는 반대로 급감하고 있는 실정이다. 지금의 추세라면 2017년에는 고교 졸업자 수보다 대학 입학 정원이 많아지는 역전 현상이 벌어진다. 실제로 10년 뒤인 2023년쯤에는 고교 졸업자 수가 현재(62만여 명)보다 3분의 1가량이 줄어든 43만 명가량으로 추정된다. 대학 입학 정원보다 졸업자 수가 13만 명 정도 적어 입학생을 받지 못해 텅텅 비는 대학이 속출할 것이다.

학령인구가 3분의 1가량이 줄어들면 대학 숫자도 현재보다 3분의 1가량이 줄어들어야 이치에 맞는다. 어림잡아도 10년 내 100여 개의 대학이 문을 닫아야 한다는 얘기다. 대학들은 이런 초유의 사태를 막기 위해 구조조정과 학교 간 통폐합 계획을 세우고 있다. 해외에서 유학생들을 유치하는 경쟁도 치열해질 것으로 전망된다.

실용주의자들이
인정받는 세상을 위해

청년들은 구직난을 겪고 있지만 중소기업은 구인난에 시달리고 있다. 전문가들은 대기업과 중소기업의 일자리 수 비율이 1 대 4인데, 일자리 부족분은 중소기업이 대기업의 10배 수준이라고 지적했다. 학벌과 스펙을 중시하는 사회 풍토가 바뀌지 않는 한 이런 불일치 문제는 지속될 수밖에 없다. 이런 모순된 현실을 어떻게 해결할 수 있을까?

인수위 청년특위 위원들은 '스펙이 아닌 능력 중심의 사회 구현'이라는 주제로 열띤 토론을 벌였다. '대학을 안 가도 행복한 사회' 이른바 '대·안·사·회'의 청사진을 그리기 위해 벌인 토론의 일부를 발췌해 소개한다.

이종식 위원: 학력 과잉 문제는 학생들의 생각만 바뀐다고 해서 해결될 문제가 아니에요. 부모들이 자녀의 적성이나 능력 등을 고려하지 않고 무조건 일단 대학에 보내려고 하는 것도 큰 문제죠. 옆집 아이는 대학을 갔는데 우리 아이는 안 갔다는 것을 참을 수 없는 체면 의식이 근본적인 문제 중 하나입니다. 시스템이나 제도의 변화도 필요하겠지만 무엇보다 인식의 전환이 시급합니다. 대학을 안 가도 행복한 사회, 이른바 '대·안·사·회'를 위한 캠페인이나 프로그램이 필요하다고 생각합니다.

하지원 위원: 옳은 지적입니다. 대부분 선진국들의 대학진학률은 30~40퍼센트대예요. 50퍼센트를 넘는 경우가 많지 않죠. 우리나라는 아시다시피 70퍼센트를 훌쩍 뛰어넘었어요. 세계 최고 수준이죠. 대학을 졸업해도 취업이 안 되니까 이젠 대학원으로 학생들이 몰립니다. 악순환인 거죠. 방송과 언론을 통해 대대적인 인식 전환 캠페인을 펼쳐야 합니다. 끝장 토론과 같은 형식의 여론 수렴 과정도 필요하고요. 실제로 대학에서 강의하다 보면 수업 태도가 불량한 친구들이 많아요. 첫 번째 수업은 첫날이니까 쉬자고 하고 야외 수업하자면서 시간 때우려는 친구들도 있고요. 학교 행사나 축제, 시험 기간 등에 휴강을 하고 나면 정작 수업을 제대로 할 시간도 많지 않아요. 내가 왜 대학에서 수업을 받는지, 고등교육 과정이 왜 필요한지에 대한 근본적인 필요성에 대해 학생들이 깨닫는 과정이 요구됩니다.

박칼린 위원: 고등학교 졸업하고 바로 대학에 가야 하는 건가요? 미국 사람들은 대체로 그렇게 생각하지 않아요. 꼭 공부가 필요한 사람 외에는 대학을 가야 원하는 일을 할 수 있다고 여기는 사람은 거의 드물 겁니다. 대학 교육은 자신의 필요에 의해서, 전문성과 심화과정을 밟고 싶은 이들에게만 필요한 것이죠.

손수조 위원: 고졸자들에게 기회의 폭을 넓혀줘야 한다는 데 전적으로 동의합니다. 지난 정부에서 마이스터고나 특성화고를 활성화하는 정책을 펼쳤는데, 비교적 성공적으로 평가받고 있죠.

공고, 상고에 대한 이미지 변화도 많이 됐고 올해 첫 실제 취업률도 상당히 높은 것으로 나타났습니다. 새 정부도 이들 고등학교에 대한 지원의 폭을 넓히고 새로운 영역의 마이스터고나 특성화고를 늘려나가야 합니다. 하지만 이런 논의에서 조심해야 할 부분은 대학 나온 사람들에 대한 역차별 가능성도 있다는 점입니다. 정책의 대상이 너무 고졸자 중심으로 가게 되면 애써 고등교육을 마친 사람들에 대한 역차별도 논란이 될 수 있거든요.

정현호 위원: 대학이 너무 많은 것도 문제입니다. 2017년부터는 학생 숫자보다 전국 대학교의 정원이 많아지는 역전 현상도 벌어진다고 합니다. 이렇게 되면 경쟁력 없는 대학은 자연스럽게 문을 닫아야 합니다. 대학이 많다 보니 학력 과잉도 심각하죠. 2020년에는 대졸자가 인력수요시장에 비해 50만 명이 초과된다고 합니다. 전문대졸이 22만 명, 4년제 대졸자는 26만 5,000여 명이 당장 일자리를 구하지 못한다는 거죠. 대학원 졸업자도 1만 5,000여 명이 초과 공급될 것으로 보입니다. 반면에 고졸은 32만 명이 부족하다는 관측이 나오고 있습니다. 고용구조의 변화가 따르지 않는 한, 청년 실업은 더욱 악화될 수밖에 없을 것으로 보입니다.

박칼린 위원: 16~18세가 되면 신체적으로 성인이 되듯 정신적·정서적으로도 독립을 해야 한다는 인식을 가져야 합니다. 한국 학생들과 미국 학생들의 차이점이 여기에 있다고 봐요. 미국 학생들은 어려서부터 일단 18세 정도가 됐을 때 부모로부터 어떻게 독립을

해야 할까에 대해 고민을 해요. 그렇다 보니 비싼 등록금을 내고 대학을 가기보다는 자기가 좋아하고 잘하는 일이 무엇인지 찾게 되죠. 다양한 아르바이트 등을 통해 좋아하는 것을 찾아가는 겁니다. 대학은 자기가 하고 싶은 걸 하기 위해 더 공부할 사람이 가는 곳으로 생각하고요. 대학을 가서도 다양한 직업 체험 기회를 통해 전공과 학과를 정하기도 합니다. 학창시절에 자기 자신을 찾는 시간이 필요합니다. 청년엑스포 같은 것을 열어보는 것은 어떨까요? 청년들이 자신의 꿈과 끼, 재능들을 마음껏 펼쳐볼 수 있게 장을 마련하는 것이죠.

오신환 위원: 아무런 고민 없이 대학을 가는 학생들을 문제 삼기보다는 사회 구조적 모순과 문제점에 대해 살펴볼 필요가 있다고 생각합니다. 대통령 공약 안에 이미 이런 내용에 대한 고민과 방향성, 취지가 담겨 있습니다. '스펙이 아닌 능력 중심의 사회'라든가 '고졸 취업 강화' 등의 내용이 그것입니다. 인식 전환을 위한 캠페인도 필요하겠지만 근본적인 정책이 무엇이 있는지도 논의해야 합니다.

하지원 위원: 동감합니다. 대학진학률 낮추는 것도 중요하지만 고졸자들이 활발하게 사회에 진출할 수 있도록 제도적 뒷받침이 이뤄져야겠죠. 인식 전환과 함께 사회구조 변화도 동시에 필요합니다. 사회적 기업이나 협동조합을 활성화해서 고졸자들도 활발하게 창업할 수 있는 기회를 넓혀주면 좋겠어요. 인식 전환 캠페

인을 진행한다면 언론도 중요하지만 시민들이 자발적으로 참여할 수 있는 동기를 부여해줘야 하고요. 사회는 이미 정부 주도형에서 시민 주도형으로 변모해가고 있습니다. 시민들의 자발적이고 창의적인 생각으로 이 문제도 풀릴 수 있을 거라 생각합니다.

윤상규 위원: 대학을 불필요하게 너무 많이 가는 것도 문제지만 고등교육을 받고 싶어도 비싼 등록금 때문에 포기하는 친구들도 고려해야 합니다. 설령 대학에 진학했더라도 경제적인 여건 때문에 다양한 활동이나 경험들을 제대로 못하는 친구들이 많죠. 학비 벌려고 아르바이트하다가 정작 수업은 제대로 들을 수 없는 경우도 발생합니다. 그래서 제 개인적인 생각으로는 우리나라도 기여입학제 등을 도입하는 것을 공론화할 필요가 있다고 봅니다. 그 재원을 통해 대학 재정을 건전화하고 교육을 내실 있게 진행하도록 하는 것이죠. 특히 형편이 어려운 학생들에게 장학금 혜택도 많이 줄 수 있고요. 사교육비도 자연스레 줄어들 수 있을 것이라고 봅니다.

이종식 위원: 무엇보다 고졸 스타가 우리 사회에 많이 나와야 합니다. 가수 보아와 같이 형식적인 대학 졸업장을 거부하고 그 시간에 자신을 더욱 개발해 세계를 무대로 능력을 펼치는 실용주의자들이 인정받는 사회로 만들어야 합니다. 고졸 스타들이 더 많이 조명되면 학생들과 부모의 인식도 점차 바뀔 것이라고 생각합니다. 오늘 토론에선 범국민 인식 전환 캠페인부터, 마이스터고·특

성화고 확대, 사회적 기업·협동조합 활성화, 기여입학제 문제까지
다양한 어젠다들이 도출됐습니다. 오늘의 논의를 통해 다양한 의
견이 활발히 공유되고 공론화되는 계기가 됐으면 좋겠습니다. 향
후 청년위원회를 통해 이런 고민들이 눈높이 정책으로 이어질 수
있도록 구체적인 논의를 이어갔으면 좋겠습니다. 다들 수고하셨
습니다.

고졸 신화가 일상이 되는 사회

인수위 기간에 동아일보와
대한상공회의소가 공동 주최한 '국제심포지엄: 청년 일자리, 새 정
부와 OECD에 길을 묻다'에 초대받아 참석했다. 기조 발제를 맡은
존 마틴(John Martin) OECD 고용노동사회국장은 "한국의 청년 실업
률은 다른 OECD 회원국과 비교했을 때 낮은 수준"이라고 운을 뗐
다. 하지만 "잠재돼 있는 문제는 더 심각하다"고 지적했다.

"직장이 없는데 학업, 직업 교육에도 참여하지 않는 니트(NEET;
Not in Education, Employment or Training)족의 비율이 매우 높은 편이
에요. 교육과 직업훈련 제도를 바꾸고 남녀 간의 고용 불평등과 출
산 여성의 경력 단절 현상 등 노동시장 전반의 문제를 함께 살펴야
합니다."

니트족을 우리말로 표현하자면 대졸 낭인이다. 대학을 졸업하고
도 직장이 없는 것은 물론이거니와 교육과 훈련을 받아 삶을 개선
해나갈 의지도 없는 청년들을 뜻한다. 이들은 국제노동기구 기준에
따라 작성되는 고용 통계에 반영되지도 않는다. 이들 구직단념자들
까지 모두 포함한다면 한국의 청년 실업률은 OECD 평균을 크게 상
회할 것이라는 게 상당수 전문가들의 시각이다.

한국의 산업인력 수요는 피라미드형인데, 배출되는 인력구조는
대졸 이상 고학력자가 많은 역피라미드 형태를 보이고 있다. 이 때
문에 고학력이 요구되지 않는 고졸 수준의 일자리를 대졸들이 빼앗
고 있는 형국이다. 앞선 토론에서도 알 수 있듯이 이런 모순된 구조
를 되돌리긴 쉽지 않다. 사회 전체적으로 인력 순환이 원활하게 이
뤄지지 않는 부분이라 어느 하나를 고친다고 해결되지는 않는다.
얽힌 실타래를 풀 듯이 정부와 학계와 산업계가 머리를 맞대고 해
결책을 모색해나가야 한다.

우선 묻지마식 대학 진학에 대한 인식과 고졸에 대한 왜곡된 시
각을 바로잡을 필요가 있다. 인식이 바뀌려면 빠르게 변하는 노동
시장에 대한 올바른 이해가 필요하다. 이를 위해선 노동시장이 무
엇을 원하는지 학생들에게 신속하게 알 수 있도록 하는 산학협력
교육의 활성화가 시급하다. 또 학창시절 다양한 근로경험과 직업체
험의 기회를 주는 것도 필요하다. 19세 성인이 되면 경제적 자립을
시작해야 한다는 의식 전환도 필요하다. 고졸에 대한 인식을 바꾸

려면 다양한 분야에서 고졸 스타가 많이 배출돼야 한다.

이명박정부의 공과에 대한 평가는 계속 이어지고 있지만 대체로 잘했다고 평가되는 정책이 하나 있는데, 바로 마이스터고·특성화고 정책이다. 예전으로 치면 공고·상고를 이름을 바꿔 적극 육성한 것이다. 이름만 바꾼 것이 아니라 학교별 특성을 살려 전문성이 강한 젊은 인재들을 양성했다. 공고와 상고의 부정적 이미지도 많이 희석시켰다.

결과도 좋았다. 2013년 초 마이스터고를 졸업한 학생의 90퍼센트가 취업에 성공한 것으로 조사됐다. 특성화고는 38.4퍼센트, (구)종합고 직업반은 19.3퍼센트인 것으로 나타났다. 박근혜정부도 고졸 취업 중심의 교육체제를 강화하겠다고 나섰다. 지자체 및 산업체와 연계된 특성화고를 집중 육성하고, 제조업 이외 특수 분야의 마이스터고 지정도 늘려갈 계획이다. 당장 위탁교육 기회를 확대하기 위한 예산도 확보할 예정이다. 기업들도 고졸 스타 양성에 적극적이다.

고졸 채용 신화를 쓰고 있는 기업들도 발굴해 독려해야 한다. 미국의 경우는 직원의 95퍼센트가 고졸자인 데이터 처리업체 FCi페더럴의 성공 사례를 대대적으로 알리고 있다. 이 회사는 지난 3년간 고졸 신입사원 1,000여 명을 채용하면서도 매출은 해마다 2배 이상 급증하고 있다. 실무능력이 뛰어난 고졸 사원들이 생산성이 높은 데다 고졸 사원에 대한 차별이 없어 회사에 대한 충성도가 높은 덕택이다.

제도적인 보완도 시급하다. 일단 마이스터고와 특성화고뿐만 아니라 일반계 고등학교도 학과와 전공을 대학 커리큘럼과 산업계 수요에 맞춰 유연하게 조정할 필요가 있다. 기술을 습득한 고교생이 안정된 일자리를 얻을 수 있도록 기업이 고졸 채용 할당제 등을 도입하는 방안도 좀 더 적극적으로 논의할 시점이다. 일부 대기업 등에서 실시하고 있는 학력 기재란을 없앤 스펙 초월형 입사지원서도 확산돼야 한다.

학력 차별을 제도적으로 금지하는 방안도 연구 대상이다. 실제 국회에는 합리적인 이유 없는 학력 차별을 금지하고 학력을 이유로 차별받은 사람의 권리를 구제하는 법률이 발의돼 있는 상태다. '학력차별금지 및 권리구제 등에 관한 법률안'인데 고용노동부로 하여금 학력 차별 시정에 관한 기본계획을 5년마다 수립하도록 했다.

또 공공기관의 장은 직원을 채용하고자 하는 경우 학력을 이유로 응시자격을 제한하지 못하도록 했다. 국가자격 취득을 위한 자격검정에서 학력을 이유로 응시자격을 제한하거나 차별하지 못하도록 했으며, 학력 차별을 당한 사람은 국가인권위원회에 그 내용을 진정할 수 있도록 했다.

기업들의 열린 자세도 필요하다. 다행스러운 것은 최근 들어 국내 대기업들이 마이스터고와 특성화고 학생들에 대한 문을 넓히고 있다는 사실이다. 현대자동차는 향후 10년간 마이스터고 2학년생을 대상으로 총 1,000여 명의 우수인재를 미리 선발한다. 학비 보조는 물론 단계별 집중교육을 통해 정규직으로 최종 채용할 방침이다. 또한 취약계층을 위해 국가장학생 중 기초생활수급대상자를 별도로 심사하는 전형 과정을 진행하고 있다.

두산그룹은 마이스터고·특성화고 등과 연계해 두산반을 운영하고 있다. 산학협력 프로그램 중 하나로, 두산중공업은 부산 자동차고, 서울 수도전기공고, 창원 기계공고 등에 '두산반'을 설치했다. 두산중공업 입사를 원하는 학생들을 대상으로 업무 관련 교육을 진행하고, 성적이 우수한 인원을 채용하고 있다. 2013년 2월에는 이런 과정을 통해 34명의 고졸 신입사원을 실제 채용했다. 두산인프라코어도 군산 기계공고에 두산반을 운영 중으로 작년에 고3, 고2 학생들을 선발했다. 이들은 졸업 후 채용 과정을 거쳐 군복무를 마치면 정식 사원이 된다.

2013년 첫 마이스터고 졸업생이 배출됐다. 이 가운데 단연 눈에 띄는 친구가 있다. 3년 전 특목고에 갈 실력임에도 소신껏 수도공고에 수석 입학한 뒤 수석 졸업의 영예를 안은 김예걸 씨다. 그는 졸업과 함께 명문대 출신들도 입사하기 힘든 한국전력 고졸 공채 시험에 합격해 현재 경기도 양평지사에서 근무하고 있다. 그야말로 스펙 초월형 고졸 스타인 셈이다.

인수위 시절 한전의 양평지사장과 간부들에게 일일이 전화를 걸어 김 씨를 어렵게 만났다. 나는 그에게 대학을 가지 않은 이유부터 물었다. 그는 "뚜렷한 목표 없이 대학을 가면 진짜 자신의 능력이

나 적성을 발견하지 못한 채 썩힐 수 있다. 먼저 자신의 확실한 목표를 세운 뒤 학교를 선택하고 진로를 선택해야 하지 않을까?"라고 대답했다.

김 씨는 학력 위주의 경쟁 사회에 좋은 자극제가 됐다. 대한민국 인재상 수상, 서울시 교육청 주최 전국 로봇대회 은상, 교내 로봇경진대회 은상, 영마이스터 인증 1등급 등 그의 스펙은 여느 대졸 사원보다 훨씬 화려하다. 마이스터고의 장점에 대해 물었다.

"무엇보다 친구들에 비해 4년 먼저 사회생활을 시작한 것이 큰 기회죠. 책에서 결코 배울 수 없는 실무 노하우들을 현장에서 바로 배울 수 있으니까 제가 잘하는 것과 못하는 부분을 빨리 깨달을 수 있어요."

그는 직장을 다니다 더 많은 전문 지식이 필요하다고 생각되면 방송통신대학처럼 병행 학습이 가능한 곳에서 공부를 더 해보고 싶다고 말했다. 대학은 바로 그런 곳 아닌가. 무턱대고 남들이 가니까 따라가는 곳이 아니라, 자신의 꿈을 이루는 데 필요한 교양과 전문 지식을 스스로 찾아 배우는 곳 말이다. 명확한 목표의식과 탐구의식, 학구열로 학문의 깊이를 넓혀가는 곳, 사회에서 쌓은 경험과 지식을 학문적으로 개념화하고 이론으로 정립해나가는 곳이 바로 대학이다. 따라서 대학을 안 가도 행복한 대·안·사·회의 목표는 대학을 무조건 가지 말라는 것이 아니라 이처럼 맞춤형 지식을 쌓으라는 것에 방점이 찍혀 있다.

내가 청년인 이유

서른여섯 살, 나는 과연 청년일까? 2012년 말 대선이 끝나고 일주일 뒤, 대통령직인수위원회 청년특별위원회 위원으로 제안받았을 때 이 질문부터 했다. 당시 선뜻 답을 하지 못했다. 안정적인 메이저 언론사의 기자직을 한시적으로, 상황에 따라서는 아예 그만둬야 한다는 게 쉽지 않았다.

인수위 인선은 극도의 보안이 유지되는 사안이라 동료들과 상의할 수도 없었다. 지한파 일본인 친구를 만나 조심스레 고민을 털어놨다. 일본 신문사에서 20여 년간 기자 생활을 했던 그는 단번에 청년특위 활동을 권했다. 한국이 일본의 잃어버린 20년을 닮아가고 있는데 그 중심에 청년이 있다는 것이다.

청년 문제는 경기 불황 탓만 할 수 없다. 교육의 왜곡, 문화의 편향성, 철학의 붕괴, 정치의 무능, 롤 모델의 부재 등 복합적인 문제로부터 기인한다. 이 때문에 한두 개의 정부부처가 메스를 잡는다고 해결될 수 있는 사안이 아니다. 범 부처는 물론 우리 모두가 함께 머리를 맞대야 해결의 실마리를 찾을 수 있다. 이런 관점에서 청년을 대상으로 한 정부기구가 처음으로 생겼다는 것은 늦었지만 환영할 만한 일이다.

여태껏 대한민국에 청년은 없었다. 그들을 위한 정책도 마찬가지였다. 한 번도 제대로 연구되지 않은 세대, 보호와 육성, 복지의 사각지대에 놓여 있는 나이, 스스로를 챙길 수밖에 없는 청춘. 이것이 바로 대한민국 청년의 번지수였다.

이러는 사이 부정적인 세대 규정만이 전염병처럼 번졌다. '88만원 세대', '삼포 세대' 등 이런 틀 속에서 청년들은 무기력해졌다. 세상을 등진 잠재적 불만세력이 될 수밖에 없었다. 그 틈을 타 상업적 힐링의 값싼 동정이 유행가처럼 퍼졌다. 인수위의 고민은 여기서부터 시작했다.

"어떻게 하면 삼포 세대처럼 청년 세대를 부정적으로 그리는 인식을 불식시킬 수 있을까? 대한민국의 경제성장과 민주화 성과 속엔 청년들의 피와 땀이 서려 있지 않은가?"

2개월 동안 인수위에서 활동하고 다시금 청년위원회 설립을 준비하는 4개월 동안 나는 가지 않은 미지의 길을 걷는 기분이었다.

새로운 세대를 규정하고, 청년과의 소통 강화 방안을 연구하고, 눈높이에 맞는 정책의 로드맵을 수립하는 일을 진행했다. 미래를 창조할 인재를 어떻게 키울지도 주된 관심사였다. 선거 때만 청년들을 위하는 척하는 정치권의 관행을 끊고 싶었다. 그래서 제안한 것이 청년발전기본법 제정이었다.

'청년 어젠다'가 선거 후 다시금 쓰레기통에 처박히지 않게 하기 위해서는 명확하게 법률로 정해놓는 방법밖에는 없었다. 처음엔 고민이 많았다. "청년은 엄연히 성인인데, 자기 자신이 알아서 해야지 법으로 보호를 받아야 하는 대상인가?" 이런 반발이 만만치 않을 것 같았다. 하지만 뜻밖에도 법률 제정을 주장한 직후에 반발이나 우려의 목소리는 거의 없었다. 오히려 늦은 감이 있다며 빠른 추진을 촉구했다. 언론의 반응도 긍정적이었다.

청년발전기본법은 청년에 대한 개념과 나이 규정 등이 포함될 예정이다. 청년정책 추진을 위한 청년위원회의 역할과 관계 부처와의 협업 관계도 명시될 것으로 보인다. 또한 법률 수혜 대상을 세분화해 육성과 보호, 복지, 일자리 등의 분야에서 구체적인 범위와 내용을 법률로 의율해야 할 것이다. 연구 용역은 물론 수차례의 세미나와 공청회를 통해 대한민국 청년에 대한 전반적인 고민들이 깊이와 넓이를 더해갈 것으로 기대한다.

우리 민족이 가장 넓은 영토를 가졌던, 동북아시아를 호령하던 고구려에는 나라를 수호하고 영토를 개척하는 선봉에 청년 리더인 신크마리가 있었다. 그리고 오늘날 대한민국은 숱한 역경을 극복하고 세계 10대 경제대국 반열에 올랐다. 신크마리의 후예들이 다시금 활개를 펼친다면 선진국가로의 도약은 어렵지 않을 것이다.

누군가의 뒷모습이 보이기 시작하면 사랑이 시작된 것이라고 한다. 청년에 대해 고민하고 책으로 정리하는 시간 동안, 나는 우리 시대 청년들의 뒷모습을 보기 시작했다. 궁금한 것은 이들이 향해 나아갈 방향과 희망에 찬 앞모습이다. 나는 신크마리 후예들을 찾고 키우는 일을 계속하고 싶다. 이들을 부정하는 것들을 부정하기 위해 싸우고 싶다. 그래서 나는 아직 청년이다.

1. 전국교직원노동조합 경남지부, 경남지역 초등학교 5~6학년생 921명을 대상으로 조사한 "학교생활실태조사", 2013. 5.

2. 대한상공회의소가 수도권 기업 305개사를 대상으로 조사한 "신입사원 인재상 조사", 2012. 2.

3. 김현정, 〈아차我差/Oops〉, 한지 위에 수묵담채, 콜라주, 145×117cm, 2013.

4. 강대석, 《왜 철학인가》, 중원문화, 2013, 5쪽.

5. 박노해, 《사람만이 희망이다》, 느린걸음, 2011, 277쪽.

6. 2010년 사이버 외교사절단 반크가 배포한 '거꾸로 보는 세계지도'.

7. The World Values Survey, "Values Survey Databank", 2011.

8. 스펙이란 'specification'을 줄인 말로, 내용을 상세히 설명하는 명세서 혹은 사양서란 뜻이다. 자동차 전문가들 사이에서 차의 성능 등을 상세하게 기재한 것을 스펙이라 칭해왔는데 요즘은 출신 학교와 학점, 토익 점수와 자격증 소지 여부, 그리고 해외 연수나 인턴 경험 유무 등 취업을 위한 요건으로 통용된다.

9. 임언 한국직업능력개발원 선임연구위원이 남자 35세, 여자 32세 이하 청년 재직자 1,200명을 대상으로 실시한 "학력 과잉 관련 인터넷 설문 조사 결과", 2012. 6.

10. 삼성경제연구소, 〈대학에 가지 않아도 성공하는 세상〉, 2012. 5.

역대 정부의 슬로건에 담긴 정신과 청년들의 역사

박정희

민족중흥, 조국 근대화

청년들이 근대화에 앞장선 시기다. 1962년 대통령 권한 대행을 시작으로 5~9대 대통령을 역임한 박정희 대통령은 수출 주도의 고도 성장과 경제개발 5개년계획 등을 실행한다. 경제발전을 위한 기본 토대를 마련하는 데 청년들의 역할이 주효했다.

1971년에 제창된 새마을운동은 '조국근대화'라는 기치 하에 '근면·자조·협동'의 정신을 강조했는데, 그 중심에 새마을지도자인 청년들이 앞장섰다. 국민의 생활 향상은 물론 세계에 유례 없는 고도 경제성장을 견인한다. 그러나 이 과정에서 1970년 평화시장 노동자 전태일의 분신자살과 같은 청년 노동자들의 인권 문제가 발생하기도 했다. 10월 유신으로 영구 집권을 도모해 민주주의 발전을 더디게 하자 청년들은 거리로 나와 정권에 대항했다.

전두환

정의사회 구현, 복지국가 건설

청년들이 민주화운동으로 큰 고초를 당한 시기다. 열사의 땅 중동 등에서 청년들이 피땀 흘려 번 돈을 기반으로 한국 경제는 급성장했다. 특히 전두환 정권 시절 서울아시안게임과 서울올림픽 등 대형 스포츠 행사를 유치해 국제적 위상을 높였고, 국민소득도 크게 증가시켰다. 정의사회 구현과 복지국가 건설을 기치로 사회안전망의 기초도 닦았다.

하지만 군부정권 연장을 위한 철권정치를 이어가면서 민주화 열망이 극에 달했다. 청년들은 민주화를 위해 거리에 나섰고 고문·구속·투옥을 반복했다. 광주민주화운동으로 수많은 청년들이 목숨을 잃었다. 이에 굴하지 않은 청년들은 6월 민주항쟁 등 대대적인 민주화운동을 벌여 대통령 직선제를 약속받고 제6공화국으로 정권 이양이 이뤄지게 만들었다.

노태우

위대한 보통사람들의 시대

청년들의 해외 진출이 본격화된 시기다. 민주화 요구를 수용해 대통령 직선제를 골자로 하는 6·29 민주화선언을 발표한 노태우는 1987년 말 제13대 대통령 선거에서 승리했다. 대표적인 국정 방향 두 가지로 '위대한 보통사람들의 시대'와 '북방정책'을 내세웠다. 권위주의 군부정권을 종식시키고자 하는 청년들의 열망을 반영한 비전이었다.

노태우 정권은 미국과 대립해 있던 소련과 외교를 맺고, 이후 헝가

리 등과 같은 다른 사회주의 국가들과도 관계를 개선했다. 1992년
에는 중국과도 외교를 맺는 데 성공한다. 또 교복 자율화와 야간통
행금지 해제 등 유화 조치로 인해 청년들의 활동이 자유로워졌으
며, 해외여행 자율화와 대기업의 해외 진출로 국외로 나가는 청년
들이 크게 늘었다. 반면 노태우 대통령은 군부정권 잔재를 청산하
지 않고 수천억 원에 달하는 불법 정치자금을 조성해 훗날 구속되
기에 이른다.

김영삼

신한국 창조

청년들의 실업문제가 대두되기 시작했다. 김영삼은 1954년 26세의
최연소자로 3대 민의원의원에 당선된 이후 김대중과 함께 청년시절
부터 민주화운동의 구심적 역할을 했다. 3당 합당을 통해 1992년 제
14대 대통령 선거에서 당선, 문민정부를 출범시켰다. '신한국 창조'
를 국정목표로 삼고 전두환, 노태우 전 대통령을 반란죄 등의 혐의
로 구속하는 등 32년간 군부 독재정부 시절의 여러 가지 잔재와 불
합리 척결에 힘썼다. 경제적으로는 검은 돈 근절을 위한 '금융실명
제'를 선언했고 OECD에 가입했다.

하지만 지나친 산업 확대와 수출산업 강화, 임금인상, 물가상승, 외
화낭비 등으로 인해 국가 차원의 파산 위기(IMF 외환위기)를 초래했
다. 이후 정치자금 스캔들이 터지고 대량 청년 실업이 발생했다. 청

년들은 대선자금 공개와 등록금 인하, 실업문제 해소 등을 이유로
대규모 시위를 벌였다.

김대중

제2의 건국

신세대 청년들이 사회와 문화 변혁을 이끈 시기다. 김대중은 1971
년 대선을 시작으로 네 번째 도전인 1997년, 처음으로 여야 평화적
인 정권교체를 이루며 제15대 대통령으로 선출된다. '국민의 정부'
는 외환위기 극복을 핵심과제로 내세우며 '제2의 건국'을 주창했다.
서태지 세대로 불리는 신세대 청년들이 '자율과 변화'를 기치로 왕
성한 사회활동을 벌이며 문화와 경제에 새로운 바람을 일으켰다.
반공보다는 평화를 추구하는 이들 세대의 염원을 바탕으로 2000년
6월 15일 남북정상회담이 성사돼 6·15 공동선언이 발표됐다.

노무현

새로운 대한민국

청년들이 정치에 적극 진출한 시기다. 낡은 정치 청산, 행정수도
의 충청권 이전 등을 공약으로 내세운 노무현은 제16대 대통령으
로 '참여정부 시대'를 열었다. 특히 고질적인 지역주의와 권위주의
를 타파하고 진보적인 '새로운 대한민국' 건설을 기치로 내세웠다.
386 청년세대를 국회와 정부에 대거 기용함으로써 신진 그룹의 정

계 진출을 도왔다.

하지만 취임한 지 1년 만에 대통령의 선거중립 의무 위반과 측근 비리 등을 이유로 야당이 탄핵소추안을 국회에서 가결시키는 초유의 사태를 겪는다. 언론과 대립하면서 보수 진영으로부터는 친북좌파라는 비난을, 진보 진영으로부터는 신자유주의자라는 비판에 시달렸다. 청년들도 좌우 진영으로 갈려 사회 갈등을 증폭시켰다.

이명박

선진화를 통한 세계 일류국가

청년들의 성난 민심이 촛불로 점화된 시기다. 기업인 출신으로는 처음으로 제17대 대통령에 당선된다. '선진화를 통한 세계 일류국가'와 '국민성공시대'를 국가 비전으로 삼고, 이를 실현하기 위해 '창조적 실용주의'을 규범으로 삼았다. 취임 초반 세계적인 금융위기 여파로 IMF 외환위기 이후 가장 큰 경제적 위기를 맞는다. 그러나 예산 절감과 정부조직 개편, 공기업 민영화와 효율화, 행정규제 혁신, FTA의 적극적 추진과 투자 유치, 과감한 규제개혁과 기술혁신 촉진 등을 통해 위기를 극복해나간다.

하지만 대기업 수출 위주의 경제정책으로 골목상권이 무너지고 양극화가 심해졌다. 청년층과의 소통의 부재로 대규모 촛불집회가 벌어져 정권 초반 최대 위기를 맞았고 동력을 잃기도 했다.

국민 행복, 희망의 새 시대

청년들의 일자리 문제가 핵심과제인 시기다. 박정희 전 대통령의 큰 영애로, 대한민국 최초의 여성 대통령이자 1987년 대한민국 헌법 개정 이후 최초의 과반 득표 대통령, 최초의 이공계 출신 대통령, 독신 대통령, 부녀 대통령으로 기록됐다. 국민행복과 일자리 창출을 최고의 가치로 두고 희망의 새 시대를 열겠다고 약속했다. 헌정 사상 처음으로 청년들만을 위한 대통령 직속기구인 청년위원회를 설치해 청년과 소통하고 눈높이 정책을 만드는 일을 시작했다.

베이비붐 세대

1955~1964년 출생. 전쟁 기간 동안 떨어져 있던 부부들이 다시 만나고, 미뤄졌던 결혼이 한꺼번에 이뤄지면서 생겨난 인구 팽창기 세대. 산업화를 주도했고 중동 등 해외 경제활동으로 한국 경제의 기반을 다졌다. 서구 문화가 급속히 들어오면서 반전(反戰)과 성 해방, 시민사회의 권리운동에 관심이 많았다. 1980~1990년대의 소비 주체로 현재 20~30대의 아버지, 어머니들이다.

386세대

1960년대 출생. 1980년대에 대학에 다니면서 학생운동과 민주화 투쟁을 경험한 세대를 통칭한다. 1960년대에 태어나, 1980년대에 대학을 다니고, 1990년대에 30대였던 세대. 낮에는 돌을 던지고 밤에는 막걸리를 마시며 토론하는 대학 생활에 익숙한 386세대는 사회에 진출한 후에도 정치적 개혁을 지지하는 진보 성향을 나타낸다. 특히 2002년 대선 때 정치 세력화하면서 노무현정부에 들어서 주도적인 역할을 하기도 했다.

X세대

1965~1976년 출생. 1990년대 중반의 신세대를 이르는 말로 많이

쓰인 명칭. 물질적인 풍요 속에 자기중심적인 가치관을 형성하고 텔레비전과 컴퓨터의 영향을 많이 받았다. X세대라는 말은 1991년 캐나다 작가 더글러스 커플랜드(Douglas Coupland)의 소설 《X세대 *Generation X*》에서 유래했다.

자유롭고 개인주의적인 성향이 강해 기성 세대들은 이해할 수 없다는 의미로 X세대라 칭하기도 했다. X세대의 문화는 조직적 학생운동 경험으로 단련된 386세대의 집단주의 문화와 충돌하기도 했다.

N세대

1977~1997년 출생. 캐나다 토론토대 교수인 돈 탭스콧(Don Tapscott)이 1998년에 쓴 《N세대의 무서운 아이들 *Growing Up Digital*》이라는 책에서 처음 사용됐다. 디지털 기기를 능숙하게 다룰 줄 아는 디지털 문명 세대를 말한다. 인터넷을 활용한 쌍방향의 의사소통에 익숙하다. 텔레비전보다 컴퓨터를, 전화보다 이메일에 익숙한 세대이기도 하다. 정보를 찾아가고 개성을 주장할 줄 아는 강한 독립심과 자율성, 능동성을 가지고 있으며 자유로운 표현에 익숙하다.

88만원 세대

1980~1994년 출생. 고용 불안에 시달리는 2007년 전후 한국의 20대를 지칭하는 말로, 《88만원 세대》라는 책에서 처음 사용됐다. 비

정규직 평균급여 119만 원에 20대 평균급여에 해당하는 73퍼센트를 곱한 금액이 88만 원. 386세대는 0점대 학점을 받아도 대기업에 정규직으로 취직하는 것이 가능했지만, IMF 외환위기 이후 경제 거품이 꺼지면서 88만원 세대는 사회생활의 첫발을 아르바이트나 비정규직으로 시작하는 경우가 많다. 일본의 '버블 세대'나 유럽의 '천유로 세대', 미국의 '빈털터리 세대'와 유사하다.

미키 세대

1988~1994년 출생. 네거티브 관점에서 요즘 젊은층을 88만원 세대로 규정했다면 포지티브 관점에서 보면 미키(MiK.Y)세대로 지칭할 수 있다. 'Made in Korea, Youngs'의 준말로, 대한민국이 세계 최고가 될 수 있다는 것을 경제, 문화, 스포츠 분야에서 몸소 체험한 세대다. 강대국에 대한 열등감 없이 자신감과 자긍심으로 삶의 무대를 해외로 넓혀나가는 데 익숙하다.

세계에서 가장 발달된 인터넷 환경을 통해 모바일과 SNS로 세계인들과 소통하고 빠르게 정보를 생산, 배포한다. 대한민국의 국력을 세계에 알린 1988년 서울올림픽 이후 출생한 청년들을 주로 일컫는다. 글로벌(Global)과 그린(Green)의 머리글자를 딴 'G세대'로도 불린다. 글로벌 마인드를 지니고 환경에 관심이 많다.

외동아들, 외동딸의 비율이 50퍼센트를 넘어 경제적인 풍요로움 속에서 부모의 집중적인 관심과 투자를 받으며 성장했다. 사교육 열

풍, 조기유학 등을 통해 해외 경험이 보편화되면서 세계화에 익숙
하다. 다문화 사회를 받아들이고 사회적 기업, 협동조합에 관심이
많다. 국내 봉사는 물론 해외 원조 활동에도 적극적으로 동참한다.

이종식

제18대 대통령직인수위원회 청년특별위원회 위원이자 전 동아일보 기자. 연세대학교 사회복지학과를 졸업했다. 한국경제TV에서 PD 겸 기자로 사회생활을 시작했고 이후 동아일보로 옮겨 사회부와 경제부 기자를 거쳤다. 동아미디어그룹 종합편성채널 설립추진단에서 활동했으며 채널A에서 방송기자로 일했다. 소통의 전문성을 인정받아 2013년 제18대 대통령직인수위원회 청년특별위원회 위원으로 선임되어 청년 전문가로 활약하고 있다.

청년학개론

1판 1쇄 발행 2013년 9월 12일
1판 3쇄 발행 2016년 6월 13일

지은이 이종식
펴낸이 고영수
펴낸곳 청림출판
등록 제1989-0000026호
주소 06048 서울시 강남구 도산대로 38길 11(논현동 63)
　　　 10881 경기도 파주시 회동길 173(문발동 518-6) 청림아트스페이스
전화 02)546-4341　　**팩스** 02)546-8053

ⓒ이종식, 2013
www.chungrim.com
cr1@chungrim.com

ISBN 978-89-352-0980-4 03320

잘못된 책은 교환해드립니다.